HABITUDES POSITIVES

Comment prendre sa vie en main, se fixer des objectifs et les atteindre...

...même si cela semble impossible maintenant !

Vincent Caron

Sommaire

Introduction : Qu'est-ce qu'une habitude ?

Comme définition générale de l'"habitude", on trouve : "tendance à la continuation ou à la répétition d'un comportement donné, liée à des facteurs naturels ou acquis, et pouvant se référer au concept d'habitude ou d'accoutumance".

Comme l'a dit Aristote : "Nous sommes ce que nous faisons de façon répétitive". Nous sommes donc nos habitudes ou, plus exactement, la somme de nos habitudes.

Une habitude est une action effectuée de manière répétitive et constante. Notre vie, même si nous ne nous en rendons pas compte, est pleine d'habitudes, à la fois positives, comme faire du sport tous les jours ou lire un bon livre, et négatives, comme consommer régulièrement de l'alcool ou fumer.

Et encore, en 1892, William James citait : "Notre vie, dans la mesure où elle a une forme définie, n'est qu'une masse d'habitudes pratiques".

Cette phrase provoque un sourire ironique chez beaucoup de gens, car il est inimaginable de penser réduire notre vie à une série d'habitudes.

En fait, des recherches récentes montrent que nous passons plus de 40 % de notre temps à faire des habitudes, des routines dont nous sommes plus ou moins conscients.

Le thème des habitudes devient de plus en plus populaire ces dernières années, dans le monde de l'auto-assistance et du développement personnel, et de nombreuses recherches sont menées dans ce domaine.

Les habitudes sont si importantes dans notre vie qu'elles ont le pouvoir de changer la structure de notre cerveau. C'est exact : en continuant à répéter une action de manière constante, le cerveau va changer de structure. Cette extraordinaire propriété de notre esprit est connue sous le nom de neuro-plasticité.

Le cerveau forme des connexions neurales à partir d'actions qui sont effectuées de façon répétée chaque jour. En d'autres termes, chaque fois que nous nous comportons de la même manière, quelque chose dans notre cerveau est activé et renforcé. C'est fascinant, et cela contribue à nous inculquer des habitudes positives et saines. Le problème est que, malheureusement, cette dynamique s'applique également aux habitudes négatives.

Pour mieux comprendre d'où viennent ces actions qui, si elles sont répétées quotidiennement, deviennent en pratique nos habitudes, il suffit de penser à la vie d'aujourd'hui. Nous nous adaptons souvent aux modèles que nous voyons autour de nous, parfois sans même nous en rendre compte, nous sommes influencés passivement par eux. Cela peut entraîner de bonnes habitudes, comme se lever tôt le matin ou se coucher à la même heure tous les soirs, maintenir une alimentation équilibrée ou pratiquer son instrument préféré tous les jours.

Le plus souvent, cependant, ce sont les habitudes négatives qui se déclenchent lorsque nous subissons passivement les schémas qui nous entourent : nous nous retrouvons donc à fumer, ou à boire, parce que les membres de notre famille fument, ou parce que les amis de notre entreprise boivent. Ou bien nous acquérons simplement ces mauvaises habitudes parce qu'il nous est interdit de le faire, et puis, croyant revendiquer je ne sais quelle liberté, ou pour sortir des combines et des soucis quotidiens, nous commençons aussi à allumer des cigarettes et à vider des bouteilles.

Bien que cela puisse sembler être une réaction libre, en réalité ce n'est pas du tout le cas, elle est dictée par un modèle de comportement, par un modèle de conduite que nous avons intériorisé. Souvent, nous nous comportons comme des robots programmés pour réagir, au lieu d'agir, sans penser du tout, sur la vague de l'émotion.

Les modèles de comportement que nous suivons peuvent être transmis de génération en génération ou acquis au cours d'une vie. La psychologie nous apprend que les expériences des sept premières années de la vie sont celles qui nous marquent le plus profondément et restent le plus marquées, mais il peut arriver qu'un schéma se développe et s'intériorise à n'importe quelle étape de notre vie.

Les habitudes acquises peuvent changer notre vie pour le mieux et nous aider à réaliser notre potentiel, ou, au contraire, elles peuvent nous piéger dans des modèles de comportement préjudiciables et nous empêcher de nous améliorer et d'élever notre niveau. Dans les prochains chapitres, nous allons explorer tous ces aspects plus en détail.

Les avantages des habitudes positives et responsabilisantes

Les habitudes sont très utiles dans notre vie quotidienne car elles nous permettent de suivre des "schémas" et de ne pas avoir à consacrer du temps et de l'énergie à prendre de nouvelles décisions pour chaque action que nous effectuons. Ainsi, dans notre esprit, réside une structure formée par des habitudes majeures et mineures, certaines positives, d'autres un peu moins. Le cerveau lui-même nous permet de gagner du temps et de l'utiliser pour ce qui est vraiment fonctionnel pour notre vie.

Essayons donc d'imaginer les innombrables avantages d'une série d'habitudes saines et correctes qui pourraient améliorer notre existence, nous rendre plus heureux et plus sains. Par exemple, nous devrions dormir chaque jour le temps nécessaire, le nombre d'heures que nous pensons puisse nous permettre de nous sentir reposés et prêts à affronter la journée avec détermination.

Le sommeil est essentiel et thérapeutique, surtout si nous voulons être réveillés, prêts et prendre les bonnes décisions. Et encore une fois, avant de manger, nous devrions nous demander si nous avons vraiment faim. Souvent, en fait, nous avalons de la nourriture même si nous n'avons pas faim, ou par ennui ou nervosité, sans nous rendre compte que nous avons peut-être simplement soif. En nous posant cette question, nous permettons au corps d'éviter un travail d'élimination coûteux, et de rester plus agile et léger, comme le corps lui-même voudrait l'être.

Cela ne signifie pas que nous devons nous contrôler ou nous restreindre chaque fois que nous voulons grignoter, mais simplement etre plus conscients de nos véritables besoins. Nous en tirerons sans aucun doute des sentiments de bien-être étonnants.

Une autre habitude saine et fonctionnelle pour obtenir de bonnes récompenses est de se récompenser de différentes manières. En regardant attentivement à l'intérieur de nous-mêmes, en nous demandant quels sont nos besoins et nos désirs réels, nous entamons un processus qui nous permet de nous redécouvrir lentement, en y puisant de nombreuses possibilités d'être complets et heureux avec nous-mêmes. Il est important, de temps en temps, de se donner un prix, une récompense, de se regarder dans le miroir et de se dire : "Tu as vraiment bien fait, félicitations !", "Je n'ai jamais pensé que je pouvais le faire, mais me voilà, je suis un gagnant !" Et en être vraiment convaincu. Cela stimulera la motivation en nous, et le désir de faire toujours mieux.

Au contraire, si parfois nous ne sommes pas satisfaits de la manière dont nous avançons vers notre objectif - par exemple, un jour nous sommes extrêmement paresseux - mettons en place un système de sanctions personnelles, qui nous stimulera à faire mieux et à continuer. C'est important, car la mise en œuvre de sanctions personnelles contribue à générer de la douleur, du mécontentement, lorsque nous manquons la cible. Par exemple, imposons-nous de résister à ce délicieux dessert qui nous attend dans le réfrigérateur après le dîner, et nous nous y livrerons demain, car aujourd'hui il n'est pas du tout mérité.

Le bonheur, en général, est une conséquence du fait d'être utile aux autres et de donner aux autres la meilleure version de soi-même. Il est donc bon de s'habituer à être dans le contexte où vous êtes le plus utile, en fonction de vos compétences, attitudes, connaissances. Cela conduira sans aucun doute à des résultats positifs et à une augmentation du bonheur, le nôtre et celui des autres.

Selon les neuroscientifiques, plusieurs des actions que nous répétons chaque jour et qui sont toujours les mêmes, presque codifiées, ont l'effet bénéfique de réduire l'anxiété et l'agitation. Ainsi, se lever à la même heure chaque jour, aller au travail, envoyer un SMS à un ami avant de se coucher, sont quelques exemples d'actions habituelles qui peuvent améliorer notre bien-être psychophysique. Dans le contexte de la vie moderne, qui est de plus en plus compétitive et performante, les rituels et les moments que nous nous taillons, ou par exemple les habitudes rassurantes d'un couple, assument une fonction protectrice fondamentale qui nous protège du stress et des turbulences.

Cela étant dit, nous comprenons l'importance des habitudes quotidiennes. Prenons l'exemple de la nature, en particulier du monde animal. De nombreux animaux sauvages, dont les pingouins et les loups, deviennent monogames et habitués lorsqu'ils s'accouplent. C'est une façon pour eux de mettre l'accent sur leur intimité et de faire face plus efficacement aux menaces extérieures, ou de satisfaire leurs besoins fondamentaux, tels que la recherche de nourriture. La routine devient ainsi un cercle protecteur, une forme enveloppante et fonctionnelle.

Dans la vie d'aujourd'hui, on pourrait comparer la routine à notre "tran tran" quotidien. Mais en fin de compte, quel est le but de cette routine, ou "tran tran" ? De nos jours, la concurrence, la vitesse et l'efficacité nous mettent sous pression, il est presque impossible d'y échapper. Dans une telle atmosphère de vie, le "tran tran" est comme un biorythme protecteur, presque maternel, qui fournit une base solide pour entreprendre tout ce que la vie exige de nous, et pour faire face avec succès aux nouveautés et aux changements.

Répéter une action, un mouvement, un certain "schéma", c'est trouver son propre rythme dans la vie, qui est subjectif, différent pour chacun, comme s'il s'agissait de son propre souffle, qui soulage l'inquiétude. Devant constamment faire face à des changements et des événements inattendus qui nous mettent à l'épreuve, des tensions, de nouvelles craintes et angoisses peuvent surgir, qui peuvent même aggraver celles qui existent déjà.

De plus, dans le tourbillon de changements dans lequel nous sommes aspirés, et dans la tentative de nous adapter, de nous modeler aux demandes venant de l'extérieur, il n'y a pas moyen de regarder en nous, d'écouter les émotions, de les traiter et de transformer ainsi l'agitation en quelque chose de positif, comme la créativité ou l'énergie positive pour faire face aux nouveaux défis.

Comme mentionné ci-dessus, ces habitudes, ou routines, produisent de réels bénéfices sur le plan psychophysique. Notre métabolisme atteindra un plus grand équilibre en suivant une routine. Examinons cela plus en détail. Une surabondance de stimuli rapides et répétés bombarde le cerveau, augmentant le stress et les niveaux de cortisol, ce qui, à long terme, peut sérieusement endommager les circuits cérébraux, augmenter l'agitation, détériorer la mémoire et la capacité d'apprentissage, et même réduire la taille de l'hippocampe.

Si, en revanche, nous nous donnons des rythmes quelque peu monotones, sans brusques torsions et changements, l'organisme en bénéficiera, en stimulant une production équilibrée de l'hormone de croissance HGH. Un effet très positif est d'augmenter le métabolisme des graisses, ce qui permet à l'organisme de retenir le glucose et donc de réduire la production excessive d'insuline, une hormone qui déclenche le désir de manger, même si en réalité notre corps n'en a pas besoin. Les routines et les bonnes habitudes équivalent également à l'équilibre du cycle de la dopamine et de la sérotonine, hormones qui jouent un rôle central dans la libération de quantités de mélatonine, et par conséquent dans l'alternance correcte du cycle veille-sommeil.

Les avantages des routines pour la santé mentale sont remarquables. Tout d'abord, la routine donne un sens à la vie. Ce n'est pas un hasard si les personnes qui suivent une routine sont plus motivées dans tout ce qu'elles font. On pourrait qualifier ce premier avantage de significatif.

Ensuite, la structure. Savoir à l'avance ce qui nous attend nous aide certainement à être prêts pour diverses éventualités, à avoir moins d'anxiété et a donc ressentir un effet rassurant sur nous. Il est également vrai que la pratique, avec le temps, rend parfait. La routine, au sens d'une pratique quotidienne constante, nous rend de plus en plus efficaces, car nous perfectionnons les activités que nous faisons normalement. Un autre avantage est donc l'efficacité.

Pensez aussi au sentiment d'accomplissement qui découle du fait de bien faire une tâche et de la mener à bien. On pourrait appeler cela une dynamique de sentiment. Étant donné qu'avec le temps, la réussite d'une tâche deviendra également une habitude intrinsèque, il sera de plus en plus facile d'atteindre les objectifs, ce qui nous poussera de plus en plus à nous améliorer. Presque comme un élan de vie.

Parlons maintenant des priorités : la routine donne la priorité à ce qui compte vraiment. En fait, en développant une routine faite d'habitudes saines, nous prenons en considération nos besoins, nos principes, et en général ce qui nous fait sentir bien, en excluant les aspects qui ne nous concernent pas. Savoir distinguer les aspects qui sont importants pour nous, et écarter le superflu, ce à quoi nous ne voulons pas consacrer notre temps, est important pour atteindre nos objectifs de vie et notre épanouissement personnel.

Et enfin, parlons des habitudes saines. Si nous voulons mener une vie saine, il devient essentiel de suivre une routine. Faire quelque chose chaque jour nous aide à créer un rituel, un ordre, qui devient une partie intégrante de notre modus vivendi, dans lequel nous pouvons nous retrouver et trouver notre équilibre.

Arrêtons-nous également sur la phrase "le bonheur n'est pas l'absence de problèmes, c'est la capacité à les gérer". Si nous appliquons cette phrase à la vie de tous les jours, nous constatons que nous faisons généralement face à la quantité de problèmes qui se posent simplement en mettant en œuvre des solutions efficaces, qui ne sont rien d'autre que la répétition de ce que nous faisions des jours ou des semaines auparavant. Des solutions que nous connaissons déjà et que nous avons testées avec notre expérience personnelle, en fin de compte, sont aussi des habitudes.

Enfin, les habitudes et les routines sont des lignes directrices pour l'apprentissage. Lire, parler ou marcher demande des efforts et de la persévérance, car les compétences avec lesquelles nous naissons ne sont pas toutes innées. C'est par l'habitude et la répétition que nous sommes capables de perfectionner un grand nombre de compétences très utiles qui profitent à notre vie et à notre bien-être.

De nos jours, par exemple, une qualité largement appréciée est la créativité, qui n'est bien sûr pas propre aux personnes qui mènent une vie aventureuse ou ont un esprit désorganisé, et qui n'est pas non plus exclusivement innée. Dans une certaine mesure, on peut apprendre le don de la créativité et travailler sur des techniques qui permettent de trouver des solutions créatives. La pratique et l'habitude sont le moyen d'y parvenir.
Nous citons George Bernard Shaw : "La vie ne consiste pas à se trouver soi-même, mais à se créer soi-même".

Nous comprenons donc combien de connotations négatives que nous attachons à l'expression "vie routinière" sont en fait fausses. La façon dont nous vivons la routine, dont nous en profitons, dépend entièrement de nous. Comme déjà mentionné, il est donc essentiel de savoir organiser son temps, d'établir des priorités, de savoir distinguer l'utile du futile, l'avantageux du nuisible, et de favoriser les compétences nécessaires.
Tout cela implique des efforts et du travail, mais une fois que vous aurez trouvé les bonnes habitudes pour

vous, la voie du bonheur sera ouverte. Par contre, être toujours à la recherche de la nouveauté peut garantir la satisfaction à court terme, mais à long terme, cela devient fatigant, donc ce n'est pas recommandé.

Comment accroître votre motivation, votre énergie et votre dynamisme

Nous avons mentionné le nombre d'activités que nous entreprenons et qui, avec le temps, deviennent des habitudes, exigent des efforts et de la persévérance de notre part. À cet égard, voyons comment nous pouvons trouver davantage de motivation pour agir, à la fois en nous-mêmes et dans notre entourage.

La motivation est la raison, ou l'ensemble des raisons, de mettre en œuvre des comportements, des actions, pour agir. Avec une intention pour nous importante, un désir, un but clair et précis vers lequel aller, rien ne peut nous arrêter, sauf précisément la perte de motivation elle-même. Souvent, nous avons tendance à nous fatiguer rapidement des choses que nous entreprenons, à nous décourager, à être inconstants, mais il est possible de remédier à tout cela en nous donnant une discipline et en suivant quelques stratégies simples mais efficaces. C'est étrange, mais souvent nous sommes plus motivés pour faire des choses pour les autres, plutôt que pour nous-mêmes et pour notre vie, peut-être aussi à cause de la mentalité dans laquelle nous avons été élevés et éduqués.

Ou bien nous faisons quotidiennement les choses plus par devoir que par plaisir, et cela nous laisse très peu d'énergie résiduelle à canaliser dans des projets personnels ambitieux, qui nécessitent évidemment du temps, des choix justes et conscients et une motivation suffisante.

Commençons par dire qu'il n'est pas facile de toujours trouver la motivation nécessaire pour atteindre un objectif. Il y a ces jours où nous voulons simplement nous allonger sur le canapé pour manger une collation et envoyer des SMS au téléphone, ou peut-être que nous n'avons pas la bonne humeur et la force d'esprit pour sortir de la maison et aller travailler. Nous avons tous eu des jours comme celui-ci.

Heureusement, il existe des actions concrètes et immédiates qui peuvent nous aider à contrer immédiatement le manque de motivation. Ces actions, si elles sont maintenues dans le temps, deviendront des habitudes positives et fonctionnelles pour atteindre nos objectifs.

La première action, la plus simple, est de commencer. Il suffit de faire le premier pas. Aussi fatigant que cela puisse paraître, une fois que vous avez commencé, il est plus facile de continuer, même si vous n'avez pas la moindre envie de commencer à faire quelque chose. Comme le dit le proverbe, "l'appétit vient en mangeant", on pourrait donc dire à cet égard que "la volonté de faire vient en faisant, en travaillant".

Si vous n'avez pas envie de vous entraîner, mettez vos baskets, faites votre sac et sortez de la maison. Si vous n'avez pas envie de travailler sur votre thèse, allumez votre ordinateur et commencez à taper les premières lignes. La seule chose à ne pas faire est de se mettre a penser car si nous nous attardons à penser et que nous sommes déjà démotivés au départ, le cerveau ne trouvera que de grandes raisons pour continuer à ne pas faire ce que nous devrions déjà faire. Si nous commençons simplement, tout le reste suivra.

Il est également utile de se fixer un délai strict. Si vous craignez de ne pas pouvoir mener à bien une tâche et que le temps presse, il est utile de vous fixer un délai ambitieux.

Ainsi, le peu de temps qu'il reste et le sentiment d'urgence donneront une impulsion significative à notre motivation, comme s'il y avait un compte à rebours en cours. Il est clair que cette échéance doit être à notre portée, ce qui nous aidera à rester concentrés sur notre objectif, et à ne pas en faire trop. Cette norme minimale à remplir chaque jour doit être respectée, et il est essentiel de continuer à travailler de manière cohérente. Si, pour une raison quelconque, nous constatons que nous ne satisfaisons pas cette norme, nous devons nous organiser à temps pour rattraper notre retard.

Les objectifs quotidiens fixés doivent être définis et inspirants, stimulants, mais toujours réalisables. Si nous continuons dans la direction établie avec succès, nous pouvons oser en demander un peu plus chaque jour, cela deviendra progressivement un processus naturel, qui nous fera grandir et mûrir dans la connaissance et la maîtrise de soi.

En ce qui concerne ces objectifs, nous pouvons mettre par écrit le "pourquoi" de nos objectifs, c'est-à-dire décrire le véritable but de cet objectif, sinon il sera dénué de sens et ne sera probablement pas atteint. Prendre une feuille de papier et commencer à énumérer les dix raisons pour lesquelles nous voulons atteindre les objectifs fixés peut être utile, surtout si nous avons perdu la motivation qui nous animait au départ. Essayons d'imaginer à quel point nous nous sentirons satisfaits une fois la ligne d'arrivée franchie, ce que nous aurons réellement accompli, comment les autres nous féliciteront. Nous trouverons alors sans doute l'envie de nous remettre au travail.

Si nous estimons que ces objectifs sont trop ambitieux, nous pouvons adopter la stratégie consistant à les décomposer en actions d'une demi-heure ou d'une heure chacune. Un grand objectif peut prendre des mois, voire des années, à atteindre, il est donc facile de s'en écarter. Essayons donc de décomposer l'objectif en actions de plus en plus petites jusqu'à ce que nous trouvions une action que nous puissions faire immédiatement et terminer en une heure ou moins.

Autre mise en garde : nous ne sommes pas pressés d'atteindre nos micro- ou macro-objectifs, nous ne précipitons pas les choses. Comme nous le savons tous, au début d'un projet, ou dès que nous nous fixons un nouvel objectif, notre motivation est à son comble, mais elle commence très tôt à baisser. Si nous voulons maintenir le niveau de motivation initial constant, essayons de ne pas précipiter les choses, mais de procéder par petits pas. Comme dans un marathon : on ne commence pas par se précipiter et perdre toute son énergie dans les 5 premiers kilomètres. Commençons progressivement et économisons l'énergie pour les étapes suivantes. De cette manière, nous répartirons notre forte motivation de départ dans les étapes suivantes.

Et pourquoi ne pas placer une image positive pour nous rappeler notre objectif tant convoité à une place de choix ? Cela peut être utile pour rappeler immédiatement l'objectif, presque comme un pont, et pour retrouver la motivation perdue. La perte de motivation peut résulter d'un oubli momentané de notre objectif. Ainsi, le fait d'avoir l'image qui nous rappelle notre objectif, agit comme un puissant "rappel". Nous pouvons placer ces images fonctionnelles à côté de notre lit, sur le réfrigérateur comme un post-it, sur la couverture de notre agenda ou sur le mur à côté du miroir du couloir.

Nos objectifs sont importants pour nous. Une autre méthode utile pour leur réalisation est donc de les partager et d'en parler aux personnes importantes dans nos vies, celles devant lesquelles nous ne pouvons pas nous permettre d'échouer, parce que nous voulons leur estime et leur approbation, nous ne voulons pas les décevoir, et elles seront toujours prêtes à nous soutenir dans les moments de découragement où nous perdons notre ténacité.

N'oublions pas non plus de tenir un registre de nos progrès afin de maintenir notre motivation. Il sera très stimulant de voir un calendrier avec beaucoup de "x" pour indiquer que nous nous sommes rapprochés de notre objectif. Cela créera un cercle vertueux. Chaque jour que vous marquez un "x" sur le calendrier, votre motivation augmente, et laisser un jour sans "x" créera un sentiment de déséquilibre et d'inconfort, qui vous poussera à rester constant.

Nous en arrivons maintenant à un autre élément clé pour atteindre des objectifs tels que la formation d'une bonne habitude : l'attention. En ce sens, notre attention est primordiale. Nous devons rester concentrés sur ce que nous voulons réaliser, et nous devons donc nous entraîner à rester à l'écoute, à obtenir les résultats que nous voulons dans le temps imparti. Il faut environ 10 minutes pour accorder toute notre attention à la tâche à accomplir et, en général, au bout de 50 minutes, le seuil d'attention baisse pour tout le monde. Il faudra ensuite faire une pause d'au moins 10 minutes supplémentaires pour ramener notre attention sur la tâche à accomplir.

Il est donc bon d'éliminer les distractions autour de nous, les bavardages inutiles au travail, les courriers électroniques non urgents, les messages, les visites d'amis et de parents, bref tout ce qui n'est pas absolument urgent. Évitons également de nous engager dans le multitâche, ce qui aurait pour effet de déplacer le centre de notre attention.

Établissons le meilleur moment et le meilleur environnement pour commencer et essayons de couper tout ce qui ne peut pas être remis à plus tard. Apprenons à dire non à quelques engagements ou loisirs qui se présentent sur le chemin du but, afin d'orienter l'attention sur les choses imminentes et fonctionnelles vers le résultat à atteindre. Essayons d'organiser et de gérer notre temps de la meilleure façon possible, par exemple en établissant un horaire quotidien ou hebdomadaire. Cela nous aidera à maintenir la motivation active, car de temps en temps, nous trouverons l'achèvement de micro-objectifs, qui mèneront finalement à l'achèvement de macro-objectif.

Efforçons-nous de rester concentrés sur notre objectif pendant au moins 5 minutes par jour. La concentration et l'action sont les deux ingrédients fondamentaux de la réussite.

Écoutons la musique que nous aimons, ou la musique énergisante qui nous donne l'énergie, et en attendant, formons-nous à matérialiser dans notre esprit comment il sera possible d'atteindre le succès, dans les plus petits détails, la joie et la satisfaction, les bénéfices qui en découleront. Les paroles de notre chanson préférée ou l'émotion du film que nous aimons peuvent nous motiver à agir. Un film peut contenir un message d'inspiration fort qui peut catalyser la motivation sur notre chemin vers le succès.

Arrêtons-nous pour réfléchir aux sentiments qui en découlent et les extrapoler d'une manière qui nous soit utile, en nous demandant, "pour atteindre mon objectif, dans ma situation actuelle, comment puis-je procéder ?

Faisons des recherches sur les émotions, écoutons nos sentiments et, surtout, concentrons-nous sur le bonheur. Le bonheur apporte une énergie positive qui nous aide à poursuivre nos objectifs. La première décision importante est d'être heureux, puis vient le reste.

Restons concentrés sur la beauté du monde qui nous entoure et émerveillons-nous devant elle. Cela aidera l'esprit à maintenir un état positif. Imaginons comment nous pouvons nous-mêmes contribuer à cette beauté. Pour prolonger ce bonheur, nous passons plus de temps que d'habitude à sourire tout au long de la journée. Lorsque nous sourions, nous nous sentons automatiquement mieux dans notre peau et, par conséquent, dans le monde qui nous entoure, car nous améliorons notre disposition envers les autres et les gens nous acceptent mieux.

Concentrons-nous également sur l'abondance qui nous entoure, elle est partout. Plus nous pouvons voir l'abondance autour de nous, plus nous pouvons apprécier ce que nous avons déjà, et les petites choses qui composent le tout. Nous montrons notre gratitude pour les circonstances et les événements de notre vie, même si cela ne semble pas toujours possible, ou ne semble pas avoir de sens, par exemple lorsque quelque chose de mal arrive. Cependant, la gratitude nous aidera à ouvrir notre esprit et à le rendre prêt à toute opportunité et éventualité, afin que nous soyons encore plus forts et plus adaptables.

Le secret pour profiter pleinement dès opportunités est de se concentrer uniquement sur l'ici et maintenant, le moment présent. Oublions les problèmes, les angoisses ou les craintes, car ce n'est que de cette manière que nous pourrons rester concentrés sur ce qui compte le plus, sur ce que nous faisons, pendant que nous le faisons.

Tout d'abord, il est fondamental de décider de se sentir bien dans sa peau. Changer notre attitude face à la vie, décider d'être enthousiaste, excité, ouvert à la nouveauté et surtout positif. Choisissons tout d'abord de nous sentir bien dans notre peau, de ne pas abandonner devant les obstacles, malgré les difficultés, choisissons d'être positifs en toutes circonstances, et de faire ce qui nous fait sentir bien - au fond de nous, nous savons ce qui est bon pour nous et ce qui ne l'est pas. Le reste suivra.

Parlons de l'énergie. L'énergie d'agir et de réussir, nous la trouvons autour de nous, dans les images et les modèles de motivation, mais avant tout en nous. Nous devons donc catalyser et libérer l'énergie. Il est clair que nous ne pouvons pas toujours avoir la bonne charge pour nous motiver à faire quelque chose, mais nous pouvons en un sens prétendre être motivés, même physiquement.

Nous trompons nos esprits en agissant comme si nous étions vraiment énergiques et enthousiastes, et cela donnera l'impulsion nécessaire à une action de changement décisive. La puissance de la prétention que nous exerçons envers nous-mêmes peut être d'une grande aide pour le corps et l'esprit, c'est comme si l'état dans lequel nous prétendons être pouvait devenir plus facilement réalité.

Une fois que nous sommes dans la bonne "humeur", nous améliorons vraiment notre énergie, y compris d'un point de vue physique concret. Tout d'abord, respirons profondément et concentrons-nous sur notre respiration. La respiration du ventre transforme notre état physiologique et nous met dans une condition idéale de pensée et de détente.

Faisons donc attention à la façon dont nous respirons pendant la journée, si le rythme est régulier ou non, et respirons profondément, souvent nous arrêtons la respiration ou nous n'expirons pas profondément et retenons l'air en nous, ce qui génère de la tension. Pratiquons le stretching, le yoga ou tout autre exercice simple, comme marcher plus vite et plus droit, pour nous aider à nous éloigner d'une posture paresseuse et avachie. Nous remarquons les changements qui s'opèrent en nous et dans notre vie en faisant attention à notre physiologie, en faisant des mouvements doux et sereins, moins mécaniques, et pourquoi pas, insouciants, petit à petit.

Passons plus de temps avec les enfants et les animaux, jouer avec eux, interagir avec eux aidera l'esprit à se détendre, et à se débarrasser des tensions et des pensées négatives, les libérant vers le monde extérieur, et aussi à libérer des étincelles de créativité inattendues. Lorsque l'esprit est déchargé, il se détend et est plus ouvert aux opportunités. Jouer et plaisanter nous rend donc inspirés, créatifs et génère de nouvelles possibilités, peut-être des solutions auxquelles nous n'avions jamais pensé.

Nous nous aimons et nous nous louons pour ce que nous sommes, ce que nous pouvons faire, et dans les moments difficiles, nous réfléchissons à nos succès passés. Nous pouvons fouiller dans notre passé, dont nous avons tiré des leçons utiles, pour trouver la force dont nous avons besoin maintenant. Faisons une sorte de liste mentale des expériences, même difficiles, que nous avons vécues et surmontées, des succès que nous avons obtenus, et réfléchissons à la manière de les utiliser positivement à l'avenir si nous sommes limités par la peur de faire des erreurs et de ne pas réussir, si nous perdons l'élan initial, le désir de faire. Tournons-nous donc vers le passé, puis vers l'avenir, passons un peu de temps chaque jour à visualiser, à imaginer comment notre avenir sera heureux et plein de possibilités, et à profiter des sensations qui en résulteront.

L'esprit a besoin d'images concrètes et stimulantes pour savoir où il doit vous mener, sinon il sera perdu et difficile à diriger. L'esprit peut être un outil puissant, mais il peut aussi se retourner contre nous, nous devons donc savoir comment le diriger correctement. Il est clair qu'il n'existe pas de manuel pour chaque situation sur la manière de le faire, mais nous devons au moins essayer de le faire, de la manière qui nous convient le mieux, même en nous fiant à notre instinct.
Nous nous aimons nous-mêmes, alors transformons aussi notre image, prenons soin d'elle. Choisissons

une robe qui nous donne confiance en nous et nous fasse sentir agréable quand nous la portons, changeons de coupe ou de couleur de cheveux, si nous en avons envie. Souvent, notre reflet dans le miroir influence la perception que nous avons de nous-mêmes. Ainsi, si nous nous considérons comme beaux et séduisants, nous changeons notre façon de penser sur nous-mêmes, nous nous auto-évaluons, nous augmentons notre estime de soi et, par conséquent, la façon dont nous progressons vers nos objectifs.

Les influences extérieures sont également cruciales. Nous faisons de notre mieux pour éliminer l'influence de nos pairs et des personnes avec qui nous traînons qui doutent régulièrement de nous, et nous gardent "les pieds sur terre", nous entraînant presque vers le bas au lieu de nous laisser décoller. Ces personnes nous retiennent et nous démotivent, parfois aussi parce qu'elles ne voient pas en elles-mêmes une image de réussite, qu'elles ne veulent pas non plus la voir en nous, qu'elles se sentiraient autrement envieuses et frustrées, ou qu'elles craignent de ne plus jouir de notre considération exclusive.
Nous choisissons les bonnes personnes pour nous entourer, celles qui nous encouragent et nous poussent à voir le positif, à grandir. Evitons ceux qui nous laissent dans le doute, sans jamais nous donner de confirmation, et surtout les membres de la famille qui se plaignent, sans avoir à nous sentir coupables si nous leur consacrons moins de temps. Nous sommes aussi, dans ce sens, un peu égoïstes, pour nous faire du bien.

Si nous réalisons que nous n'avons pas encore suffisamment de volonté pour poursuivre nos objectifs par nous-mêmes, nous pouvons aussi engager un coach de vie comme guide, un professionnel peut en fait nous mettre sur la bonne voie jusqu'à ce que nous soyons prêts à continuer avec nos propres ressources.

Les idées pour une plus grande volonté dans la poursuite des objectifs que nous avons vues jusqu'à présent sont généralement assez faciles à comprendre et à appliquer. Toutefois, ce n'est pas parce qu'elles sont faciles qu'elles seront alors moins efficaces. Les stratégies les plus élémentaires peuvent souvent mieux fonctionner que toute stratégie de motivation complexe ou planifiée. Essayons donc de ne négliger aucune des stratégies vues jusqu'à présent, toutes sont utiles lorsqu'on les additionne. Il peut sembler qu'au début, elles ne contribueront pas à augmenter les niveaux de motivation, mais à long terme, elles le feront.

Nous risquons de perdre notre motivation si nous ne voyons pas de résultats immédiats. Qu'est-ce qui nous fait vraiment perdre notre motivation ? Des objectifs de bas niveau qui ne nous inspirent pas assez, ou le fait de ne pas savoir comment nous motiver de la bonne manière?. Ainsi, pour gagner dans la vie personnelle et professionnelle, nous avons besoin d'un objectif réel, de qualité, bien formulé, évalué et réfléchi qui apporte un réel bénéfice, dans tous les sens du terme. Nous avons besoin de ressources et de possibilités concrètes pour atteindre cet objectif, alors analysons-nous et analysons la situation dans son ensemble. Enfin, nous avons besoin de mettre en place les bonnes stratégies, les stratégies simples dont nous avons parlè plus tôt.

Réfléchissons y et demandons-nous : notre objectif présente-t-il ces caractéristiques ? Est-ce qu'il nous emmène dans la bonne direction de satisfaction, de joie, de bien-être, de succès, ou est-ce que la simple pensée de cela nous cause de l'anxiété, de l'inquiétude, de la douleur, un sentiment instinctif que quelque chose ne va pas, que c'est forcé ? Ce sont des considérations importantes à faire, avant même de commencer.

En prenant soin de notre énergie vitale, nous pouvons acquérir une plus grande volonté de faire et donc réaliser nos résolutions avec plus de succès. Par nature, nous devrions toujours être en bonne santé et énergisés, mais souvent, même si nous sommes en bonne santé, nous ressentons en nous des vibrations de faible énergie. C'est parce que nous dépensons parfois de l'énergie pour des activités inutiles ou peu utiles, ou parce que les choses et les gens qui nous entourent nous enlèvent de l'énergie dans notre vie quotidienne. N'est-il pas vrai que certaines personnes semblent nous recharger d'énergie positive, tandis que d'autres semblent presque nous l'enlever, nous laissant aussi vides que des piles mortes ? Plus que d'augmenter notre énergie, il s'agirait d'éliminer ce qui la bloque, et d'augmenter notre présence énergétique. La première étape consiste donc à éliminer les blocages et les obstacles qui entravent la libre circulation de notre énergie.

Évitons ce qui diminue notre énergie, comme une alimentation déséquilibrée, les émotions négatives, le stress et l'utilisation incorrecte et irrationnelle de notre esprit - en pensant toujours au pire, aux problèmes, etc. Nous devons comprendre les causes sous-jacentes de ces comportements et les éradiquer. Ce processus nous amènera à un niveau de conscience plus élevé.

Nous arrivons maintenant au corps : celui ci est le temps de l'âme, et il est fortement connecté à l'esprit et à la raison. Au-delà de l'activité physique habituelle, nous devons prêter attention à la nutrition, qui est fortement liée à la qualité de vie. Essayons de nous nourrir correctement, pas seulement de manger. La nourriture elle-même est de l'énergie, alors demandons-nous : quelle est la qualité énergétique de la nourriture que nous absorbons ? Nous sommes ce que nous mangeons. Essayez de comparer l'énergie d'un fruit juteux fraîchement cueilli à celle d'un morceau de viande rôtie provenant d'un animal mort. Quels aliments auront la meilleure qualité énergétique ? De plus, en raison de l'environnement pollué dans lequel nous vivons, nous absorbons, en plus de la nourriture, diverses substances toxiques qui nous affaiblissent.

Par conséquent, nous devons essayer de nettoyer et de détoxifier le corps pour augmenter l'énergie vitale, en prenant des produits naturels qui alcalinisent le corps et favorisent le drainage des toxines. Parmi tous les organes, le foie est celui auquel il faut accorder une attention particulière et qu'il faut purifier, car il a le rôle de filtre qui expulse les substances toxiques de l'organisme. Parmi les remèdes naturels les plus utilisés à cette fin, on trouve les fleurs de Bach et les huiles essentielles.

Parlons maintenant de l'esprit. C'est un outil puissant, car il peut détruire ou créer, nous rendre libres ou asservis. La pensée génère la matière, et donc la réalité. En plus des bons aliments, nous devrions donc aussi nous nourrir de pensées positives, écouter davantage les affirmations positives et enraciner fortement la pensée positive en nous, de sorte à en devenir nous-mêmes une source. Le pouvoir de la parole est énorme, et nous pouvons consciemment l'utiliser à notre avantage. Évitons donc les pièges comme les jugements hâtifs ou les plaintes inutiles, car ils entraînent des dépenses d'énergie inutiles. Cessons de nous juger nous-mêmes, avant tout, et de juger les autres, et acceptons sagement les situations telles qu'elles sont. Essayons d'embrasser en nous même ce que nous n'aimons pas tant, et commençons à le transformer en quelque chose de beau. Soyons plus gentils, plus généreux et plus compréhensifs.

Les concepts d'âme et d'esprit sont assimilés. L'esprit renferme nos qualités intérieures, qui sont une partie souvent négligée par nous, pas suffisamment écoutée, aussi parce qu'elle est cachée, et cela nous éloigne souvent de notre véritable "moi". Mais si nous voulons la retrouver, et retrouver notre conscience intérieure, nous devons nous reconnecter à la source de notre énergie. Ce n'est pas un concept trop abstrait ou "spirituel" : en prenant simplement le temps de méditer, nous pouvons puiser dans notre source intérieure. Il existe de nombreuses disciplines utiles à cette fin, telles que l'acupuncture, le yoga, le reiki et la thalassothérapie

L'importance de l'image de soi dans la formation d'habitudes durables et efficaces

L'image de soi que nous transmettons avec notre façon d'être, de nous comporter, d'entrer en relation, est fondamentale car elle détermine qui nous sommes et comment nous sommes aux yeux des autres, et donc en fin de compte notre niveau de réussite sociale. Nous savons à quel point la réussite sociale et la réalisation d'un "symbole de statut" sont importantes aujourd'hui. Même si nous ne nous en soucions pas trop, nous sommes toujours influencés par elle, c'est indéniable. Ainsi, dans nos rencontres et nos échanges quotidiens, nous essayons de donner une image positive de nous-mêmes, et inversement, dans nos jugements et nos actions, nous nous basons sur l'impression que les autres nous donnent d'eux.

Mais pourquoi nous soucions-nous autant de l'impression que nous donnons aux autres ? Tout d'abord, parce que transmettre une bonne image de soi permet de gagner la sympathie et l'acceptation des autres, d'accéder à une meilleure qualité de vie et à d'autres avantages, tant sociaux que matériels. En outre, présenter une image positive provoque des réactions favorables chez les gens, ce qui renforce notre estime de soi et conduit à l'acceptation mutuelle, à notre intégration, favorisant l'établissement d'une société pacifique et harmonieuse.

Nous communiquons donc à partir de notre image, elle atteint les gens avant même nos mots, l'image est donc une partie fondamentale de la communication humaine. Nous devons prendre soin de notre image pour mieux réussir notre communication.

L'image de soi est la façon dont nous nous voyons. Elle se forme dès la petite enfance, lorsque l'enfant, s'il est correctement soigné et nourri par ses parents, commence déjà à développer une image positive de lui-même, l'amour de soi et une bonne estime de soi. Sinon, s'il est négligé, l'enfant développera un sentiment de mépris et de malaise envers lui-même, et l'image de soi se développera de manière négative.

Cependant, l'image de soi est transformée et façonnée tout au long de la vie, en raison des succès et des échecs rencontrés, et en fonction du comportement et des réactions des autres à notre égard.

L'image de soi est, comme son nom l'indique, une image, un simulacre, de sorte qu'elle ne correspond pas toujours à l'image réelle. Les deux images, celle qui est perçue - ou transmise - et celle qui est réelle, se rapprocheront d'autant plus que le niveau d'estime de soi et d'efficacité que nous possédons sera élevé et consolidé.

Il n'est pas nécessaire d'expliquer grand-chose sur l'estime de soi. En ce qui concerne l'auto-efficacité, nous pouvons la définir comme la confiance qu'une personne a dans ses capacités, dans la possibilité de réussir dans ce qu'elle fait, de réussir, d'être un gagnant.

L'auto-efficacité dépend étroitement de nombreuses variables, notamment du résultat optimal des situations problématiques auxquelles nous avons été confrontés précédemment et de l'état de bien-être qui en découle, des expériences réfléchies, c'est-à-dire du fait d'avoir vu d'autres personnes affronter des situations difficiles et en sortir avec succès, des perceptions de soi dans un sens positif et également de la capacité à s'imaginer déjà réussir dans des situations difficiles et éprouvantes.

Comment cette perception de nous-mêmes va-t-elle influencer notre comportement ? Tout d'abord, elle affectera nos émotions, comme l'anxiété. Les personnes ayant un faible sentiment d'auto-efficacité perçoivent un grand nombre de situations comme stressantes pour elles, et ont tendance à exagérer les problèmes et les dangers qu'elles rencontrent dans leur environnement.
Deuxièmement, les décisions : les personnes ayant une faible auto-efficacité ont moins confiance en elles, elles ont donc tendance à limiter l'éventail de leurs activités et objectifs possibles, car elles pensent avoir peu de chances de réussir, donc elles veulent aussi réduire les chances d'échec. Avant tout - et cela renvoie au thème principal de notre texte - la perception de nous-mêmes conditionne nos motivations, et donc la volonté de former et de maintenir une bonne habitude.

Selon la façon dont nous percevons notre auto-efficacité, nous travaillerons avec plus ou moins de ténacité dans l'accomplissement d'une tâche, et nous serons également plus ou moins résilients, c'est-à-dire capables de surmonter les échecs et de réparer nos erreurs, sans être accablés par le découragement. Comment savoir se remettre sur pied après une chute. En bref, les personnes moins efficaces ont moins confiance en elles, elles abandonnent donc plus facilement face aux obstacles.

D'autre part, les personnes qui ont un sens plus élevé de leur propre efficacité se fixent davantage d'objectifs et ont plus de chances de les atteindre que les personnes qui ont un sens moins élevé de leur propre efficacité.
Notre perception de nous-mêmes et de notre auto-efficacité sera également directement proportionnelle à notre bien-être, à la façon dont nous nous sentons bien dans notre peau et en nous-mêmes. Il est évident que cela a également des répercussions sur la perception que les autres ont de nous, et donc les personnes les plus appréciées, qui suscitent la sympathie et un jugement positif unanime sont celles qui, avant tout, s'aiment, ont de l'estime et de la confiance en soi, sans jamais frôler l'arrogance. Par leur attitude, ils donnent également plus de confiance à leur entourage.

Il faut dire, cependant, qu'il n'est pas facile de comprendre le "vrai moi", car depuis notre venue au monde, nous nous modelons à la société et à l'environnement, ce qui nous amène à porter des masques, donc à nous éloigner de plus en plus de notre noyau. Nous pouvons changer d'attitude, ou même prétendre à une autre personnalité, selon la situation, le but à atteindre, l'"usage" que nous devons faire de nous-mêmes.

Il n'est donc pas important que l'image que nous avons de nous-mêmes soit authentique, mais qu'elle soit fonctionnelle à la réalisation de nos valeurs, de nos idéaux et de nos intentions. Attention cependant : le mot "vrai" a un sens positif, par opposition au sens négatif de son opposé, "faux". Il y a donc des gens qui créent et entretiennent une image irréelle d'eux-mêmes, déclenchée par une vision de ce qu'ils devraient idéalement être.

En proposant toujours au monde cette fausse image d'eux-mêmes, ils finissent par se détacher complètement d'eux-mêmes et de leur véritable noyau, qui est la clé du bonheur, puisqu'il faut être en contact avec lui et l'écouter.

Chez ces sujets, l'image qu'ils se "racontent" finit par être très différente de celle que les autres ont, de sorte que lorsqu'ils reçoivent des réactions et des jugements de leur part, ils ont tendance à ne pas les reconnaître, à ne pas les accepter et à réagir de manière défensive.

Comme nous l'avons déjà mentionné, une haute estime de soi est le résultat d'une courte distance entre le moi réel et le moi idéal, c'est-à-dire que ces derniers coïncident presque, la personne a une conscience de soi, peut plus facilement comprendre ce qu'elle veut et donc atteindre ses objectifs.

Les personnes ayant une grande estime de soi font également preuve de plus de persévérance pour se consacrer à une activité qui les passionne et pour atteindre un objectif qu'elles désirent ardemment, comme l'acquisition d'une habitude avantageuse, tandis qu'elles font preuve de moins de détermination dans une activité qui les intéresse moins et dans laquelle elles ont donc moins investi.

Ils savent aussi mieux minimiser un éventuel échec, et se lèvent plus rapidement pour se consacrer à de nouvelles activités qui les aident à oublier et à reprendre les rênes de leur vie.

Contrairement à ceux qui ont une faible estime de soi. Ils entreprennent des activités avec peu de participation et d'enthousiasme, ce qui entraîne bien sûr une démoralisation facile, un découragement, une perte d'intérêt pour l'objectif initial et donc une faible probabilité de le réaliser.

Les personnes ayant une faible estime de soi auront tendance à esquiver les situations les plus insignifiantes, si elles sentent le risque d'échec, sont plus vulnérables et ont constamment besoin d'un soutien extérieur.

Ils abandonnent facilement face à l'échec, ou s'ils sont influencés par une opinion contraire à ce qu'ils pensent. Face aux critiques, ils sont également très sensibles et cèdent rapidement à des sentiments de déception et d'amertume. Mais pourquoi se détermine- t-il cet écart entre les personnes qui ont une grande estime de soi et une bonne évaluation d'elles-mêmes, et les personnes qui ont une faible estime de soi et qui s'évaluent négativement ?

L'attribution de jugements par autrui, le fameux "miroir social". L'opinion que les autres ont de nous contribuera à former la manière dont nous nous autodefinissons. Puis, toujours par rapport aux autres, le processus de comparaison sociale : cette comparaison donne lieu à une évaluation, pas toujours heureuse, de nous-mêmes.

Enfin, l'auto-observation, qui coïncide en partie aussi avec la comparaison sociale. Nous nous définissons d'abord à partir de nous-mêmes, mais aussi en étant conscients des différences entre nous et les autres. Chacun s'observe et s'interprète soi-même et les autres, formant une "théorie du soi" visant à maintenir son estime de soi.
Les idéaux d'un individu peuvent également affecter l'estime de soi, en particulier de manière négative s'ils sont trop ambitieux et hors de leur portée. Les gens prennent des décisions et se déplacent sur la base d'idéaux : lorsqu'ils perçoivent un fort décalage entre leur état actuel et leur objectif idéal, ils tentent de réduire ce décalage en adoptant certains comportements.

Ils forment ensuite des "plans idéaux" qui guident leurs comportement ; certains de ces plans sont liés à des habitudes concrètes, comme la décision d'aller à la salle de sport trois fois par semaine, ou au cours de peinture.
D'autres plans sont liés à des idéaux plus abstraits, comme le désir de devenir une personne plus active, de réduire sa paresse ou de développer sa créativité. L'essentiel est que l'écart entre notre situation actuelle et celle que nous souhaitons idéalement engendrer génère des émotions négatives, une

tension à apaiser, c'est pourquoi nous sommes enclins à combler ce décalage perçu.

Réfléchissons donc non seulement à la manière dont l'image et la perception de soi affectent la formation des habitudes, mais aussi à la manière dont, à l'inverse, certaines mauvaises habitudes affectent négativement l'image que nous nous faisons de nous-mêmes.

L'estime et le respect de soi sont affectés par une série de distorsions dites cognitives : la tendance à développer des idées arbitraires, sans réelle confirmation dans la réalité objective, les généralisations excessives à partir d'un seul cas, la maximisation des effets négatifs d'une action réalisée ou, autrement, mais avec le même résultat, la minimisation des effets positifs, et autres.

Examinons quelques stratégies utiles pour accroître l'estime de soi. L'amélioration de la maîtrise de soi, par exemple. L'augmentation de nos compétences en matière de résolution de problèmes : plus nous parviendrons à résoudre des problèmes, plus nous aurons confiance en nous et en nos ressources.

L'habitude de se parler à soi-même par sa voix intérieure, ce qu'on appelle le "self-talk", aide à l'estime de soi, en envoyant des messages positifs à notre esprit, qui seront influencés positivement comme notre perception de soi.

Travaillons également sur notre style d'attribution, rendons-le plus objectif afin que, par exemple, nous ne nous attribuions pas par erreur des événements ou des situations défavorables qui n'ont rien à voir avec nous.

Qu'est-ce qui peut encore influencer, surtout de manière négative, l'image de soi ? Tout d'abord, des jugements sur notre corps, notre apparence. Souvent, nous pouvons les percevoir comme une attaque directe contre nous-mêmes, ou il peut arriver qu'une personne, afin de se débarrasser de ses caractéristiques physiques ressenties comme inacceptables, nous les attribue, donnant lieu surtout à l'attribution d'étiquettes ou de surnoms désagréables. Il est évident qu'une personne constamment exposée à des influences et des jugements négatifs de ce type commencera à se distinguer. Juger l'apparence physique est donc une attitude aussi répandue que déplorable, qu'il faut éviter car elle peut avoir des répercussions très profondes et néfastes.

L'esprit est comme une lentille : le jugement de soi et de son apparence passe par cette lentille, qui peut changer, déformer, élargir ou rétrécir ce qu'elle observe. Il est donc fondamental de s'habituer à neutraliser les visions déformées qui ne nous permettent pas de nous aimer tels que nous sommes. Selon les résultats d'une étude américaine, les réseaux sociaux et Facebook favorisent l'augmentation de l'estime de soi. Cependant, une utilisation exagérée et inconsidérée conduirait au narcissisme et à d'autres pathologies. Nous comprenons combien il est important d'améliorer notre image de soi si nous voulons réussir à changer

positivement nos habitudes. Des habitudes positives
et bien établies mènent au succès.

Mais comment améliorer notre image ? Est-il possible
d'améliorer l'image que l'on a de soi-même ? Tout
d'abord, nous ne devons pas avoir une seule image de
nous-mêmes, mais nous devons en avoir plusieurs, et
les distinguer en fonction des situations et des tâches
qui se présentent.

Par exemple, si nous estimons que nous ne sommes
pas très bons dans certaines tâches, ne nous
démoralisons pas, nous serons certainement
meilleurs dans d'autres tâches. Nous ne devons pas
garder une image généralisée de nous-mêmes,
comme un échantillon applicable à tous les cas de la
vie. Nous devons également tenir compte des
circonstances objectives dans lesquelles nos
performances négatives ou notre échec se sont
produits, ce dont nous ne sommes pas très fiers, sans
nous précipiter vers des conclusions hâtives et
approximatives. Parfois, il suffit de définir quelques
petits objectifs pour améliorer le soi et ses faiblesses
pour changer positivement la perception de soi.
Comme nous l'avons déjà dit, nous procédons à partir
de petits objectifs jusqu'à aller vers des objectifs de
plus en plus grands.

Examinons un exercice mental que nous pouvons
faire pour améliorer notre image de soi. Créons un
espace qui nous est propre, où nous pouvons nous
mettre à l'aise, sans être dérangés, et commençons à
respirer profondément, lentement, pour atteindre un
état de relaxation. Au fur et à mesure que cela

s'approfondira, nous constaterons que notre esprit sera de plus en plus clair, laissant place à une imagination libre. Imaginons qu'une copie de nous-mêmes se matérialise devant nous, la plus belle copie que nous puissions concevoir et qui reflète notre "moi" le plus authentique, ce qui rehausse la pureté, les couleurs, voire la taille, si l'image était trop petite et indéfinie.

L'image que nous avons créée, en bref, doit correspondre exactement à ce que nous voudrions être. À ce stade, abandonnons lentement le sentiment de joie totale que nous procure le fait de ne faire qu'un avec cette image vraie et bienheureuse de nous-mêmes. De cette image de nous-mêmes, nous observons la posture, les vêtements, le ton de la voix, l'interaction avec les autres, comment elle se déplace dans l'espace, comment elle fait face aux problèmes, et surtout quels sont ses objectifs, comment elle se tient face à ces objectifs.
Lorsque ce scénario sera clair dans nos esprits, presque tangible, avançons pour entrer en communion avec ce "moi" authentique. Entrons en lui et regardons à travers ses yeux, parlons par sa bouche, écoutons avec ses oreilles, en sympathisant et en essayant de ressentir ce que nous serions si nous possédions vraiment ces qualités.

Laissez ce sentiment nous pénétrer concrètement, en dépassant la barrière du corps, et restez quelques minutes dans cet état. Nous concluons en réfléchissant à la manière dont notre vie changerait pour le mieux si nous apprenions vraiment à vivre plus authentiquement, comme notre "moi", avec lequel nous venons d'entrer en contact. En examinant une situation ou un problème sous cet angle nouveau, tout s'améliorerait certainement. Imaginez que vous appliquiez cette perspective non seulement à l'avenir, mais aussi au passé et surtout au présent.

Comment créer une habitude à partir de zéro et la conserver dans le temps

Nous avons beaucoup parlé des habitudes. Mais comment prendre une habitude à partir de zéro ? Les dernières recherches affirment que les habitudes se forment en associant une situation à une action, et en répétant cette action spécifique plusieurs fois dans cette situation spécifique, jusqu'à ce que l'action devienne automatique. Nous nous rendons compte que l'action, ou le comportement, est devenu automatique lorsqu'il présente certaines caractéristiques, telles que l'efficacité, l'involontaire, et le manque de conscience et de contrôle.

Les habitudes peuvent être imaginées comme un cycle composé de trois phases : il y a d'abord un signal, ou stimulus de départ, qui dit à notre cerveau de se mettre en "mode automatique" et d'utiliser, d'exécuter une certaine habitude. Ensuite, il y a la routine, qui peut être physique, mentale ou émotionnelle. Enfin, il y a la réponse - qui, si elle est positive, est une récompense - qui indique au cerveau si ce cycle comportemental spécifique est utile ou non à retenir et à appliquer à nouveau à l'avenir. Ce cycle devient de plus en plus automatique, inconscient, avec sa répétition au cours du temps, de sorte que le stimulus et la récompense se confondent, générant un fort sentiment d'anticipation, comme si nous anticipions déjà la récompense rien qu'en pensant au stimulus initial, et puis donc l'habitude naît.

Des expériences et des recherches ont permis de tirer des conclusions, que nous ne pouvons cependant pas considérer comme des vérités scientifiques absolues, mais qui ont influencé tout le discours et la littérature ultérieure. Par exemple, des conclusions ont été tirées sur le temps qu'il faut pour prendre une nouvelle habitude. En particulier, avec les expériences du chirurgien plasticien Maltz, qui a pratiqué des opérations sur ses patients, puis à partir de 1950 a commencé à observer leur adaptation à leur nouvelle condition physique. Les conclusions de Maltz ont été compilées dans un livre, qui est rapidement devenu un best-seller et a influencé toutes les opinions ultérieures sur l'auto-assistance et les experts dans des domaines similaires. L'essentiel de ces observations est qu'il faut environ 21 jours pour s'adapter à un changement, et donc pour prendre de nouvelles habitudes. Une grande confusion a été créée : il a été établi qu'il fallait 21 jours pour prendre une nouvelle habitude, alors qu'en fait, Maltz prétendait qu'il fallait un minimum de 21 jours.

Cette croyance s'est ensuite répandue dans la société et dans la pensée commune. Pourquoi ce "mythe" de 21 jours s'est-il répandu si efficacement ? Probablement parce que la période était suffisamment courte pour être stimulante, et suffisamment longue pour être réalisable, plausible. Les gens ont donc été séduits par l'idée d'apporter un changement majeur à leur vie, comme une bonne habitude, dans un laps de temps relativement court.

Afin de comprendre réellement quelle était la réponse scientifique à la question de la formation d'une nouvelle habitude, de nombreuses autres études ont été menées par des chercheurs, purement basées sur l'observation du comportement de groupes de personnes, et il est apparu qu'il fallait en fait en moyenne 66 jours avant qu'un nouveau comportement ne devienne automatique. De plus, elle n'était pas du tout objective, et était prise avec un grain de sel, car le temps pouvait évidemment varier en fonction du comportement, des circonstances, de l'individualité de la personne.

Au fond, il n'était plus logique d'essayer de propager l'idée qu'une nouvelle habitude pouvait être crée en peu de temps, si l'on voulait fixer des attentes concrètes. La vérité, en fait, est qu'il nous faut de 2 à 8 mois pour prendre une nouvelle habitude, le délai est très variable et indéfinissable, mais il ne consiste certainement pas en 21 jours !
En cette période, nous devons trouver la bonne inspiration pour nous lancer dans le long voyage du changement. Nous pouvons envisager quelques bonnes raisons pour lesquelles il vaut la peine de commencer cette recherche, avant de nous laisser démotiver par la perspective du long terme.

Partons du principe que s'habituer au changement n'est pas facile, cela demande de la volonté et la décision de s'impliquer, c'est un chemin lent. Il n'y a donc aucune raison de déprimer si, après quelques semaines d'essai, nous ne voyons pas de résultats concrets et que l'activité entreprise n'a pas encore pris l'habitude de se faire. Nous devons simplement revoir notre façon de penser et accepter que le processus sera plus long que prévu. Ne nous battons pas et ne nous jugeons pas négativement, aussi parce qu'il n'est pas nécessaire d'être parfait. Acceptons donc qu'il nous faille repousser notre échéance initiale, et comprenons ainsi que les habitudes sont un processus, et non un événement qui se produit juste comme ça, de nulle part, ou par chance. Il faut embrasser le chemin, travailler dur, et dans certains cas même utiliser une technique adaptée et appropriée.

La seule façon d'arriver à la ligne d'arrivée est alors de commencer par le premier jour, simplement, de se concentrer sur le travail à faire "hic et nunc", et de ne pas déjà fantasmer sur la fin, pris dans la précipitation ou l'impatience d'y arriver.
Les chercheurs ont fait une découverte intéressante : lorsque nous adoptons le comportement que nous nous sommes fixé, le fait de commettre des erreurs n'affecte pas de manière significative le processus de formation de la nouvelle habitude, contrairement à ce que l'on pourrait attendre. Il importe peu que nous commettions des erreurs dans le processus de formation ou de changement d'une habitude, en partie parce que ce n'est certainement pas un processus simple et que notre esprit comprend qu'il faut compter avec les erreurs.

Même sauter la pratique pour l'obtention de la nouvelle habitude pendant un jour ou deux de plus ne compromettait pas les résultats, les chercheurs n'ont remarqué aucun changement significatif. Sauter une semaine de pratique, cependant, réduirait considérablement la probabilité de continuer et de maintenir le comportement dans le temps, et donc de former l'automatisme.

Si nous voulons adopter un nouveau comportement qui, répété dans le temps, conduit à la naissance d'une nouvelle habitude bénéfique, nous pouvons suivre quelques règles, de précieuses astuces psychologiques.
Mettons notre plan par écrit et faisons un effort pour le suivre. Cela nous permettra de gagner immédiatement en clarté, en définissant les aspects, le calendrier et les délais de notre objectif.

Si tout est clair dans notre esprit à l'heure actuelle, nous pouvons nous mettre au travail avec plus de détermination. En outre, il est plus difficile de renoncer à une promesse écrite qu'à une vague pensée. Nous pouvons presque établir une sorte de contrat entre nous et le but.
Il est également utile de créer une routine. Les habitudes sont des comportements apparemment simples, mais en réalité ils sont complexes, et ils sont mis en mouvement par des stimuli activants spécifiques, comme nous l'avons vu plus haut. Le stimulus d'activation fonctionne comme le conditionnement utilisé dans la célèbre expérience de Pavlov sur les chiens. Par exemple, le son du réveil pourrait être le stimulus déclencheur que nous nous imposons lorsque nous voulons nous lever tôt le

matin. En bref, nous devons décider quel stimulus activateur associer au début de l'habitude que nous voulons intérioriser. Chaque fois que cette stimulation "démarrera", nous serons conditionnés à agir. Par exemple, nous pourrions sélectionner une chanson rock ou un minuteur sur notre téléphone portable comme stimulus "déclencheur". En répétant ce processus dans le temps, le stimulus influencera automatiquement le comportement établi.

Gardons nos efforts simples. La simplicité sera donc une autre astuce pour réussir, car il est évidemment plus facile de réaliser des tâches simples. Par exemple, fixons-nous comme objectif de faire une course d'une demi-heure à l'air libre chaque matin, plutôt que de faire des pompes, des redressements assis et des accroupissements planifiés. Réduisons le nombre de règles que nous devons suivre. Le plan doit être simple, mais en même temps détaillé, sans être générique ni prêter à confusion, afin que les obstacles potentiels soient pris en compte au préalable.

Enfin, une autre règle précieuse coïncide avec la "théorie du remplacement", c'est-à-dire que si nous ne pouvons vraiment pas éliminer une mauvaise habitude, nous pouvons la remplacer par une nouvelle habitude positive simple. On voit ainsi le cas très fréquent des personnes qui se rongent les ongles. C'est une habitude désagréable, à la fois parce qu'elle nous fait paraître peu sûrs et nerveux aux yeux des autres, et parce qu'elle rend nos ongles et nos mains laids. Pour ces personnes, il sera très difficile d'arrêter complètement cette habitude, mais vous pouvez la remplacer en appliquant du vernis à ongles.

Cela dit, voyons quelques idées intéressantes pour de nouvelles habitudes à adopter, afin de mettre en pratique et d'expérimenter les conseils vus jusqu'à présent : lire plus de livres, se réveiller - et se lever ! - tôt le matin, faites de l'exercice, de la méditation ou du yoga, arrêtez de regarder la télévision et passez des heures à tripoter inutilement votre téléphone portable.

Et une fois avoir acquis une habitude saine, comment la conserver dans le temps ? Paradoxalement, les vices que nous avons tous, et que nous voudrions éliminer, sont ancrés et très difficiles à abandonner ; mais quand il s'agit de vouloir maintenir des habitudes bénéfiques pour notre vie, tout devient plus fatigant et demande des efforts. Cela est dû à la faiblesse de l'esprit humain, qui préfère les vices qui procurent un plaisir immédiat mais non durable - et qui peuvent aussi causer des dommages à long terme - au lieu de s'efforcer de conserver de bonnes habitudes, car il n'en voit pas l'intérêt immédiat, de sorte qu'il choisit clairement la voie la plus facile. Si nous réalisons que nous sommes incapables de transformer de bonnes intentions ou de bons comportements en actions de routine, nous devrons alors recourir à des techniques pour briser la barrière de l'autosabotage et de la procrastination, qui nous empêche de progresser dans notre développement personnel.

Recourons alors à l'esprit qui, comme nous le savons, est un merveilleux outil qui nous vient également en aide, et il le fait avec la routine ; en fait, en s'efforçant de maintenir une habitude spécifique pendant un certain temps, jour après jour, jusqu'à un mois, par exemple, le cerveau va inclure cette habitude dans notre routine quotidienne, en créant des connexions neurales utilisées pour renforcer et répéter ce comportement, qui deviendra automatique. Ainsi, le simple fait d'introduire l'habitude dans notre routine est la première étape fondamentale pour commencer ou maintenir une bonne intention.

Il est essentiel de procéder à de petits changements étape par étape. Par exemple, si nous ne faisons du sport que deux ou trois fois par semaine, nous pourrions nous forcer à le faire tous les jours de la semaine, de sorte que cela deviendrait tellement automatique que nous finirons par prendre le sac et nous rendre au gymnase sans même nous en rendre compte.

Nous cherchons chaque jour une alternative. En d'autres termes, si nous ne pouvons ou ne voulons pas répéter une habitude tous les jours, mais que nous voulons quand même qu'elle s'intègre dans notre vie, ne prenons pas de jours de congé où nous ne faisons absolument rien. Il ne devrait pas y avoir un tel déséquilibre entre les jours où l'on fait beaucoup de choses et les jours où l'on paresse, que cela détournerait dangereusement l'attention du but de l'habitude. Nous choisissons plutôt une activité similaire et complémentaire pour remplacer l'activité principale.

Nous pouvons également faire participer d'autres personnes, des amis ayant les mêmes intérêts, pour pratiquer et maintenir la bonne habitude avec nous. Nos amis ne seraient certainement pas heureux de nous voir manquer un rendez-vous, c'est pourquoi nous avons également ajouté l'élément de responsabilité et d'engagement envers quelqu'un d'autre, ce qui nous motivera à maintenir notre habitude et à ne pas céder à la paresse. En outre, certaines activités peuvent être plus amusantes à faire en compagnie qu'en solitaire.

Créons également une liste de bonnes habitudes que nous voulons pour nous-mêmes, et faisons-les toujours l'une après l'autre, en suivant un schéma d'activités enchaînées. Intégrons les premières et dernières activités du modèle dans notre routine pendant un certain temps, afin qu'il soit facile de commencer et de terminer. Entre ces deux routines, nous décidons d'insérer toutes les autres à notre guise : pendant la journée, nous pouvons décider de déjeuner, de vérifier nos e-mails, d'étudier, avant de nous préparer pour le dîner et d'aller au lit. Mais si un jour nous voulons faire une pause dans nos études, nous pouvons passer directement à l'étape suivante, ou la remplacer par une autre activité plus légère, l'important, comme nous l'avons mentionné plus haut, est de ne pas rester assis à ne rien faire. La succession d'activités insérées entre les deux activités quotidiennes fixes, facilitera le cerveau à former des associations (fini, ou sauté cette étape, on passe à la suivante).

Nous adaptons également la formation et le maintien des habitudes à notre subjectivité. Nous ne sommes pas tous pareils, nous adopterons donc des styles différents, en fonction également de notre tendance naturelle à accepter ou à rejeter les attentes internes et externes. Il existe également des types d'alouettes et de hiboux. Les premières se réveillent toujours tôt le matin et commencent à produire, tandis que les hiboux ont du mal à se carburer et sont plus productifs le soir.

Notons bien qu'aller au lit au plus tôt à trois heures du matin ne signifie pas que nous sommes des hiboux. Il se peut que nous considérions la soirée comme l'une des rares occasions de profiter de la vie, peut-être après une journée de travail insatisfaisante, et que nous voulions donc passer la soirée dehors et refuser de nous coucher tôt. La bonne façon de distinguer et de classer est simplement de se surveiller et de déterminer quand nous produisons le plus pendant la journée.
Notre environnement joue également un rôle central dans le maintien des habitudes, ou dans l'èchec de cet accomplissement. Un environnement peu inspirant ou qui nous influence négativement peut détruire nos bonnes habitudes, mais heureusement, cela ne s'applique pas seulement aux bonnes habitudes, mais aussi aux mauvaises.
Il est plus facile de changer notre environnement que nous-mêmes, mais cela détermine aussi dans une large mesure notre comportement et notre façon d'agir, c'est pourquoi nous devons d'abord commencer par nous-mêmes pour changer. Il est clair que nous ne pouvons pas remplir notre réfrigérateur de malbouffe et de sucreries si nous

envisageons de commencer un régime, ni aller chez des amis en nous entraînant dans une situation similaire.

Par exemple, si nous estimons que l'environnement nous est préjudiciable et ne nous permet pas de décoller, nous pourrions décider de changer radicalement notre environnement, par exemple en déménageant dans une nouvelle maison ou dans une autre ville, et profiter de la situation pour construire notre propre nouvelle routine indépendante. Ou bien nous pouvons voyager pour ouvrir notre esprit à de nouvelles perspectives jamais imaginées auparavant, pour les ramener avec nous dans notre vie normale. Cependant, ce mécanisme de "révolution" a l'inconvénient d'être très gourmand en énergie, et donc non viable à long terme. Il convient parfaitement à ceux qui ont imposé des objectifs clairs et structurés à atteindre en peu de temps ; les changements peuvent toutefois devenir durables.

Comment construire un rituel matinal pour développer la discipline et la positivité tout au long de la journée

Un rituel matinal est le rituel de la sérénité et se compose d'une série d'activités préétablies qui visent à accroître la conscience de soi et de la réalité, de notre avenir idéal, et aussi à vider la tête de ses soucis. La routine du matin vous permet de bien commencer la journée, tout d'abord pour les bénéfices à court terme, tels que l'amélioration de votre humeur, de votre motivation, de votre sérénité, précisément parce que le rituel soulage vos soucis et vide votre esprit, améliore l'énergie et l'autodiscipline. Et puis, il y a les avantages à long terme : d'une part, s'efforcer de maintenir la routine tous les jours - ou presque - demande de la discipline, mais d'autre part, à long terme, cela est récompensé par une plus grande liberté, car lorsque vous avez une routine quotidienne en accord avec vos valeurs, votre conscience de ce que vous voulez réaliser augmente ; à long terme, cela vous aidera donc à atteindre plus facilement vos objectifs. Une fois que nous aurons atteint nos objectifs, si nous les avons choisis judicieusement, notre liberté augmentera automatiquement.

Elle accroît également notre tranquillité d'esprit et notre estime de soi. Si nous n'avons pas de routine, si nous commençons la journée de manière si "aléatoire", en menant des actions de manière presque désinvolte, toute une série d'échéances s'accumuleront, de choses non faites ; au début, les reporter nous fait du bien, parce que nous nous sentons libérés d'un fardeau, mais à la longue, les échéances se répéteront, et les choses devront inévitablement être faites de toute façon, et donc nous ne serons pas du tout calmes et sereins.

Comme nous devons suivre le rythme souvent frénétique de la vie, beaucoup d'entre nous se réveillent le matin et se précipitent dehors pour prendre un café au petit déjeuner. Il s'agit sans aucun doute d'une routine de faible qualité, qui ne nous fait pas commencer la journée du bon pied, en fait, elle n'est même pas définissable de loin comme une routine !

Cependant, chaque jour, au réveil, nous pouvons choisir de changer nos habitudes paresseuses et de donner un tournant positif à la journée, de changer les choses et de nous recharger en énergie.

Mais qu'est-ce qu'un rituel ? Et pourquoi est-il utile ? Le rituel est un acte, ou un ensemble d'actes, accompli selon des règles codifiées. Il a trait à la religion et au sacré, c'est donc une chose à laquelle on doit se consacrer avec dévotion, qui ne peut être négligée et qui doit être pratiquée régulièrement. Par exemple, les moines de l'Himalaya pratiquent cinq rituels matinaux pour se maintenir en bonne santé : il s'agit de simples exercices physiques qui agissent sur les glandes endocrines pour réactiver et normaliser le mouvement de rotation, en harmonisant le flux d'énergie et les éventuels déséquilibres hormonaux. Mais les rituels ne sont pas seulement des pratiques de nature ascétique ou sportive, ce sont des mécanismes de formation d'habitudes, qui nous conduisent au résultat souhaité par la répétition systématique d'un certain chemin, qui est le rituel lui-même.

Il est assez évident de comprendre l'utilité d'un rituel du matin, donc nous n'avons pas besoin d'études scientifiques pour légitimer sa positivité. Nous n'avons pas besoin de théorie, car le bon sens suffit à nous motiver à entreprendre un rituel matinal sain.
Un exemple simple suffira : dans le premier cas, nous nous réveillons, et dès que nous ouvrons les yeux, nous sommes déjà en train de vérifier notre téléphone portable, presque aveuglés par la lueur de l'écran, encore à moitié endormis. Notre esprit sera déjà bombardé de courriels, de notifications et d'engagements divers. Puis on se lève, on allume la télé et on regarde les nouvelles, pleines de crimes, de trafic et de tout le reste.

Nous sommes déjà en retard pour une réunion, alors nous nous précipitons à la porte d'entrée, sans même prendre de petit déjeuner ou un verre d'eau.
Dans le second cas, nous réglons le réveil une demi-heure plus tôt que d'habitude, et une fois réveillés, nous passons quelques minutes à contempler le silence et la tranquillité du matin, à méditer les yeux fermés et à nous concentrer sur notre respiration, sur nos pensées. Ensuite, nous allons à la cuisine pour préparer un smoothie de fruits de saison, et pendant

que nous le dégustons, nous mettons par écrit nos objectifs pour la journée.

Ce n'est qu'après toutes ces étapes que nous sortons enfin notre téléphone portable pour vérifier les notifications et les textes. Nous quittons alors la maison, et ayant encore du temps avant de nous rendre au travail, nous décidons de prendre la route qui traverse le parc.

Maintenant, demandons-nous lequel des deux "rituels" sera le meilleur moyen de commencer la journée : la réponse est évidente. Mais si nous nous demandons lequel des deux rituels est le plus proche de notre matinée typique, la réponse sera probablement le premier rituel, le pire des deux.

Toutefois, ce n'est qu'à nous de choisir de changer, si nous le voulons, nous le pouvons, de sorte que la marge d'amélioration est large et réalisable. Si nous réfléchissons au nombre de milliers de matins supplémentaires que nous allons nous réveiller dans notre vie, nous réalisons qu'il vaut peut-être la peine de commencer dès maintenant pour rendre nos journées meilleures et plus productives.

Comme mentionné dans l'introduction de ce livre, "nous sommes ce que nous faisons de façon répétitive". Et nous pourrions ajouter à cela : "l'excellence n'est donc pas dans l'action, mais dans l'habitude".

La création d'un rituel matinal pour nous-mêmes, incluant l'exercice et la méditation, ainsi que la lecture et l'écriture, nous aidera à vivre pleinement nos journées, en nous donnant un équilibre que nous n'avons jamais connu auparavant. De plus, en adoptant une série de pratiques, nous profiterons pleinement des premières heures de la journée, les plus précieuses ; en effet, comme nous le savons, "le matin a de l'or dans sa bouche".

Si, comme beaucoup de gens, nous sommes habitués à ne jamais nous coucher avant deux heures du matin, ce sera un net changement d'habitudes, mais cela en vaudra certainement la peine si nous voulons vraiment commencer à prendre soin de nous-mêmes et à construire consciemment notre avenir.

Toutes les personnes qui réussissent ont en commun d'avoir des rituels, qu'elles pratiquent avec une dévotion "religieuse". Outre certaines activités courantes, telles que le repos, le sommeil et le travail, il en existe d'autres, comme l'exercice et l'habitude de se lever tôt le matin, beaucoup plus tôt que d'autres, pour se livrer à des activités créatives. Cette dernière habitude, en particulier, s'accumule chez tous les millionnaires qui réussissent, ainsi que l'habitude d'apprendre quelque chose tous les jours, et de se concentrer profondément sur une chose et sur la manière de la réaliser.

Venons au sommeil. Sans un bon repos, il est impensable de vivre pleinement sa journée.

Lorsque nous avons peu d'énergie, les choses tournent mal et il ne vaut plus la peine de continuer ; il vaut mieux s'arrêter, faire une pause et puis recommencer. Il est préférable de s'arrêter, de faire une pause et de recommencer. C'est pourquoi nous pouvons parfois accepter de sauter le rituel, ou de le réduire partiellement. L'important, c'est qu'il y ait de la joie dans ce que nous faisons : réveillons-nous le matin pour vivre.

Nous nous demandons probablement maintenant en quoi consiste une routine matinale : il n'y a pas de réponse unique, tout dépend de nos besoins subjectifs. Le rituel peut consister en quelques gestes simples, ou en des habitudes plus complexes. L'important, c'est qu'il fasse son travail en nous faisant sentir plus alertes et plus productifs le matin, et qu'il nous donne l'énergie nécessaire.

Voyons quelques exemples génériques d'habitudes matinales pour avoir une idée. Se réveiller 10 minutes plus tôt que d'habitude et méditer. Ou bien, réveillez-vous 30 minutes plus tôt que d'habitude, faites un peu d'exercice pendant 10 à 15 minutes, puis dressez une liste de vos objectifs de la journée par ordre d'importance.

Ou encore, se réveiller une heure plus tôt que d'habitude, lire pendant 20 minutes, noter quelques idées créatives, ou pourquoi pas, simplement dessiner, puis boire un smoothie aux fruits frais et enfin mettre par écrit l'objectif le plus important de la journée.

Si nous voulons vraiment révolutionner le début de la journée, nous pouvons aussi nous réveiller à 6 heures du matin, méditer pendant 10-15 minutes, faire de la gymnastique ou des étirements pendant 10 minutes, boire le smoothie habituel ou un verre d'eau, et encore faire une liste d'objectifs pour la journée.

Le rituel du matin peut aussi consister en des gestes simples qui nous mettent de bonne humeur en début de journée, comme jouer avec notre chien ou notre chaton avant de quitter la maison, mais nous devons surtout nous concentrer sur les actions qui nous sont vraiment bénéfiques pour la journée : pour les identifier, nous devons essayer différentes options au fil du temps.

Veillez également à éliminer les distractions. Si nous voulons prendre soin de notre bonheur, nous devons refuser les nouvelles, les courriels et les textes qui arrivent trop tôt le matin. De telles distractions érodent la sérénité naturelle du matin, nécessaire pour exercer sa gratitude et gagner de l'attention.

Continuons donc à voir des exemples de rituels matinaux, cette fois-ci plus en détail.

- Boire de l'eau. Il est essentiel de maintenir notre corps et surtout notre esprit hydraté en commençant la journée avec un bon verre d'eau. En fait, lorsque nous sommes éveillés, nous passons rarement de nombreuses heures sans boire ; lorsque nous nous levons le matin, nous avons passé 6 à 8 bonnes heures sans eau potable, il est donc important de pourvoir à ce besoin immédiatement. On peut aussi boire de l'eau chaude et du citron, pour alcaliniser les cellules du corps et le maintenir à une température stable.

- Prendre un petit déjeuner nutritif. La plupart des gens prennent leur petit-déjeuner le matin, mais le corps et les besoins nutritionnels de chacun sont différents. Il ne suffit donc pas de consommer le petit déjeuner habituel composé de yaourt, de lait ou de céréales. Nous devrions faire diverses tentatives pour comprendre quels aliments pris au petit déjeuner nous donnent plus d'énergie, nous alourdissent moins, bref, trouver le régime alimentaire du matin le plus adapté à notre organisme. La règle qui s'applique à tous est d'éviter les aliments trop sucrés et artificiels, et d'essayer des aliments simples à forte teneur énergétique. Quelques idées pour un petit déjeuner sain : deux œufs à la coque, une tranche de pain protéiné, des fruits de saison et une tasse de thé. Ou encore un yaourt grec allégé, du gruau complet, un fruit et une tasse de café.

- Faire de l'exercice. Nous avons déjà mentionné à plusieurs reprises son importance. Faire de l'activité physique le matin n'enlève rien mais donne de l'énergie, à condition bien sûr de ne pas faire d'efforts excessifs. Rien de compliqué, il suffit de faire quelques minutes de pompes, un peu de yoga ou un jogging en plein air en écoutant de la musique. Avec le bon type d'exercices, cela ne prend que vingt minutes. Par exemple, en pratiquant des exercices de haute intensité, tels que l'aérobic, les sauts, les fentes et les squats, plus de zones du corps seront activées en même temps, ce qui nous fera gagner du temps et de la santé.

- Profiter du silence. L'importance thérapeutique du silence est remarquable dans un monde où nous sommes constamment exposés au bruit de la ville, de la circulation, de la télévision, des téléphones portables, etc. De simples moments de pur silence peuvent nous aider à nous vider l'esprit pour la journée à venir.

- Méditer. La méditation a déjà été mentionnée dans les paragraphes précédents. Certaines personnes sont sceptiques quant à l'idée de méditer, probablement parce qu'elle est associée au monde spirituel et au New Age. En réalité, la méditation apporte des avantages considérables, comme le confirment de nombreuses personnes qui la pratiquent régulièrement et avec succès. La méditation est tout simplement le silence, le calme et la concentration réunis, et il est pratiquement indéniable que cette combinaison est bénéfique pour tous. Qui n'en profiterait pas ? Si nous avons des doutes et que nous ne savons pas par où commencer, nous pourrions essayer différentes applications de méditation guidée.

- Consacrer plus de temps à la famille. Le travail, plus tous les engagements quotidiens, peut nous aspirer complètement, surtout si nous dirigeons notre propre entreprise ou activité, qui nécessitera bien plus que les huit heures de travail habituelles par jour. Toutefois, nous ne devons pas oublier de passer du temps avec les membres de notre famille et de prendre soin d'eux, non seulement pour leur bien-être, mais aussi pour le nôtre. Nous pourrions donc nous réserver un peu de temps pour inclure cette activité fondamentale dans notre routine matinale.

- Lire un bon livre. Comme pour la méditation, les bienfaits de la lecture sont incontestables. La lecture le matin stimule notre esprit et élargit nos horizons. Nous pourrions essayer de lire quelque chose de nouveau pour nous tant que le contenu soit positif - ou une bonne idée serait d'aller à la librairie et de choisir un livre qui nous inspire, ou d'en prendre un que nous n'avons jamais fini de lire, car de nos jours, nous avons tendance à lire de plus en plus en ligne, et beaucoup moins sur le format papier classique.

- Écrire pour fixer des objectifs pour la journée (et pas seulement). Comme les entrepreneurs, nous avons probablement aussi une liste de choses à faire avec de nombreuses entrées. Steve Jobs a déclaré : "Pendant les 33 dernières années, je me suis regardé dans le miroir chaque matin et je me suis demandé : si aujourd'hui était le dernier jour de ma vie, serais-je heureux de ce que je fais ? Et chaque fois que la réponse était négative pendant trop de jours d'affilée, je savais que je devais changer quelque chose". En dressant notre liste, veillez à ne pas vous laisser submerger par toutes les listes de choses à faire et à ne pas perdre de vue l'objectif principal de la journée. Essayons donc d'écrire nos trois principaux objectifs comme la première étape de notre routine matinale, en commençant par celui que nous devons accomplir à tout prix, puis en les énumérant toujours par ordre d'importance.

L'écriture mérite toutefois une attention particulière, car elle consiste à écrire non seulement pour énumérer les objectifs du jour, mais aussi pour mieux exprimer nos pensées, pour faire ressortir les idées que nous avons en tête : nous pouvons ainsi profiter des nombreux avantages de l'écriture. Nous n'avons pas nécessairement besoin d'écrire de véritables textes, le simple fait de noter quelques idées dans un journal nous donnera plus d'enthousiasme au début de la journée. Dans l'agenda, jour après jour, nous pouvons également intégrer l'exercice de gratitude, qui consiste simplement à être reconnaissant pour tout ce que nous avons, tout ce que nous sommes et le monde qui nous entoure. Au début, cela peut sembler être un étirement, parce que nous ne ressentons peut-être pas vraiment de gratitude, mais n'oublions pas le pouvoir d'autopersuasion de nos pensées sur l'esprit lui-même ; ainsi, en répétant l'exercice, nous finirons par vraiment commencer à "ouvrir les yeux" et à ressentir cette gratitude, parce que nous remarquerons des petites choses auxquelles nous n'étions pas attentifs auparavant. Faisons donc une liste des choses dont nous sommes reconnaissants ce matin, ou de ce qui s'est passé la veille, des leçons de vie que nous avons apprises, ou des meilleurs moments dont nous voulons nous souvenir, ou même des bonnes résolutions pour aujourd'hui - pas seulement en termes d'objectifs ! - ou une décharge libre de ce qui est dans nos esprits, nos émotions, nos inquiétudes, nos rêves.

- Établissons également une liste de nos valeurs, par ordre d'importance, car lorsque nous sommes clairs sur nos valeurs, nous agissons en conséquence, plus fermement. Souvent, dans la vie, nous sommes indécis parce que nous ne savons pas à quelles valeurs nous accordons plus d'importance et lesquelles en ont moins. Au contraire, si nous avons en tête nos valeurs prioritaires, il sera plus facile de prendre une décision. Dressons une liste de valeurs : paix, liberté, honnêteté, sérénité, intégrité morale, amour, amitié, éthique, plaisir... et ainsi de suite. Une fois la liste établie, numérotez ou classez-les par ordre d'importance.

- Notons également quelques affirmations positives, idéalement aussi lisez-les à voix haute afin qu'elles pénètrent profondément dans notre inconscient, de sorte qu'après quelques semaines de cet exercice, l'inconscient commencera à croire et à être convaincu de ces affirmations lui-même, comme on l'a déjà vu pour l'exercice de gratitude. Il suffit de penser que 95% de nos actions sont guidées par l'inconscient ! Par exemple, nous pourrions écrire : je suis indépendant de ce que les autres pensent de moi, je suis heureux, je m'accepte tel que je suis, j'ai une énergie infinie... et ainsi de suite. La puissance de ces affirmations est grande, car elles influenceront notre comportement sans que nous nous en rendions compte.

Enfin, voyons quelques autres conseils sur la façon de partir de zéro pour former notre rituel du matin et le maintenir dans le temps. Le plus difficile est de commencer. L'astuce consiste à trouver l'étincelle qui fait tout démarrer, par exemple, si notre besoin premier est de nous mettre en forme, nous nous forcerons à nous lever plus tôt que d'habitude chaque matin pour aller faire du jogging dans le parc ; si, au contraire, le besoin est d'améliorer notre niveau d'anglais, nous nous lèverons tôt pour noter dans un carnet nos progrès, les nouveaux mots, etc.

Commençons par un point fixe, c'est-à-dire, commençons par choisir un rituel dont nous pensons qu'il aura le plus grand impact sur nous, et faisons en sorte qu'il devienne notre point fixe, en le mettant en pratique chaque jour. Ce doit être le rituel qui fait place à tout le reste. Par exemple, il peut être très utile de commencer par boire un verre d'eau. Il sert à réhydrater le corps, mais c'est aussi un geste très simple et "symbolique" pour commencer la journée et poursuivre le reste de la routine. Après avoir bu de l'eau, il semblera encore moins difficile de poursuivre le yoga, la course à pied ou les autres activités qui nous attendent. Respectons le nouveau rituel pendant au moins un mois avant d'y ajouter de nouvelles activités. Le rituel doit faire corps avec notre réveil, au point que nous nous sentons étranges si nous ne le pratiquons pas, comme s'il manquait quelque chose, comme quitter la maison sans chaussures aux pieds ou se brosser les dents. Pour beaucoup, l'essentiel est de se réveiller un certain temps à l'avance, à une heure déterminée.

Une fois que nous aurons établi un point fixe, nous ajouterons progressivement d'autres activités, dans l'ordre qui nous conviendra le mieux. Procédons progressivement à leur ajout, afin de ne pas être confus ou surchargés ; en fait, le surengagement est généralement la raison pour laquelle nous abandonnons le rituel du matin et revenons à nos anciennes habitudes.

Apportons des changements et des essais si nous constatons qu'un nouveau rituel n'est pas pour nous et que nous n'en tirons pas profit. Ce n'est qu'en essayant que nous apprendrons ce qui est le mieux pour nous, donc gardons ce qui s'avère utile et éliminons le reste.

Le plus important, une fois que nous avons trouvé le rituel qui nous convient, c'est de le pratiquer constamment, de le rendre indispensable, de sorte que nous nous retrouvions bientôt à le pratiquer automatiquement et sans effort.

En mettant ces mesures en pratique, nous nous rendrons compte qu'"une bonne journée se voit le matin". Il faudra du temps pour développer une routine matinale optimale, mais ce qui est important, c'est de prendre les décisions qui vous permettront de commencer la journée avec une véritable conscience.

Comment éliminer les habitudes négatives et

impuissantes

Benjamin Franklin a déclaré : "Il est plus facile de prévenir les mauvaises habitudes que de les changer". Abordons maintenant un point crucial de la conversation sur les habitudes. Nous avons tous de mauvaises habitudes, des rituels que nous suivons depuis longtemps et qui nous font entrer dans ce que l'on appelle la "zone de confort", un espace ou une circonstance dans laquelle nous nous sentons à l'aise et protégés.

Faisons attention à ces mauvaises habitudes, car plus nous les répéterons, plus il sera difficile de les éliminer. En plus d'être souvent néfastes pour nous et notre santé, ces habitudes négatives sont également des obstacles qui nous empêchent d'atteindre nos objectifs, car elles nous éloignent de plus en plus du changement souhaité, nous devons donc apprendre à surmonter ces obstacles.

Prenons un exemple simple, dans lequel beaucoup d'entre nous se retrouveront probablement. Sara, qui se rendra à la plage dans deux mois, prévoit de perdre 5 kg et de se tonifier afin de se sentir plus sûre d'elle et plus séduisante dans son nouveau bikini. Le départ approche et Sarah est censée s'entraîner au gymnase trois fois par semaine, mais voici la partie délicate, car Sarah, lorsqu'elle rentre du travail, a l'habitude d'enlever ses chaussures et de se mettre à l'aise sur le canapé, en mangeant des chips et des snacks tout en regardant la télévision.

Le cours de crossfit au gymnase commence à 19 heures, mais pour Sara, il est trop fatigant de se lever et de renoncer à son moment de détente, et à la seule idée d'aller transpirer au gymnase, elle préfère rester confortablement installée sur son canapé. Il arrivera donc que Sara ne s'entraîne qu'une fois par semaine, peut-être deux, ce qui ralentira son objectif de perdre du poids à la date limite fixée. Alors, dans cette affaire banale, quelle est la mauvaise habitude de Sara ? Celle de céder à la fatigue et à la paresse, qui l'empêcheront d'atteindre son objectif.

Les habitudes négatives rendent difficile et difficile le chemin vers une vie saine et épanouie, et elles nous éloignent de la meilleure version de nous-mêmes, potentiellement réalisable. Si nous ne les arrêtons pas, nous nous retrouverons sans nous en rendre compte jour après jour, ayant perdu du temps et des ressources, et avec notre santé mentale et physique ruinée.

Examinons de plus près les causes de nos habitudes négatives. Qu'il s'agisse de se ronger les ongles, de dépenser une fortune en courses inutiles, de boire le week-end ou de fumer à l'excès, ou encore de perdre du temps sur l'internet et les téléphones portables, tout cela n'est qu'une réponse au stress et à l'ennui quotidiens, une façon de mieux y faire face. Il est pratiquement impossible pour quiconque d'échapper complètement à l'ennui et au stress. Il s'agit donc d'apprendre de nouvelles façons saines de les gérer afin de ne plus avoir recours à ces habitudes négatives. Comme souvent dans la vie, les mauvaises habitudes naissent pour combler un vide, lorsque nous nous ennuyons, sommes tristes ou démotivés, nous commençons à chercher quelque chose qui puisse compenser ces émotions négatives, nous donnant un plaisir immédiat : mais souvent ces comportements seront préjudiciables à notre bien-être à long terme.

Comment pouvons-nous briser ce cercle vicieux ? Nous devons tout d'abord prendre une décision importante, c'est-à-dire comprendre ce que nous voulons vraiment. Les déclarations courantes telles que "je veux être heureux", "je veux me mettre en forme", "je veux gagner plus d'argent" sont vagues et laissent beaucoup à désirer. Il est important de remplacer ces phrases par des objectifs définis, spécifiques et mesurables, qui ne soient pas trop ambitieux, bref, à notre portée. Il est certain que le saut de qualité n'est pas simple et immédiat. Qui penserait à méditer au lieu de se ronger les ongles, ou à faire une promenade au lieu de manger un en-cas riche en calories ?

Il est clair que ce n'est pas un changement qui peut être mis en œuvre du jour au lendemain, mais il faut de la volonté et de la persévérance pour perdre les mauvaises habitudes ; il est essentiel de changer le schéma mental qui sous-tend une certaine fixation. En fait, nous parlons de la manière de remplacer, d'entraver ces mauvaises habitudes, et non de les éliminer complètement, puisqu'il n'y a pas de baguette magique pour le faire, mais en suivant quelques suggestions, et en ajoutant notre volonté, on peut certainement progresser.

Les mauvaises habitudes naissent pour combler un vide, donc si nous essayons de les éliminer, plutôt que de les remplacer, ce vide prendra le dessus sur notre volonté, et nous nous retrouverons vaincus à nouveau à la case départ. Si nous ne pouvons pas nous passer d'une cigarette après les repas, essayons plutôt de nous brosser les dents.

Nous devons agir intelligemment, en utilisant le plaisir à notre avantage, c'est-à-dire, lorsque nous remplaçons la mauvaise habitude, penser à quelque chose qui, si nous la faisons, nous donnera beaucoup de plaisir et de satisfaction, qui nous fera progresser à long terme et surtout renforcera notre estime de soi. Beaucoup d'entre nous essaient probablement depuis des années d'arrêter de fumer, ou de gaspiller de l'argent pour faire des courses et des achats inutiles, ou de mettre fin à d'autres comportements qui causent de l'inconfort, mais malheureusement les mauvaises habitudes sont souvent profondément ancrées en nous et difficiles à rompre. En effet, nos mauvaises habitudes satisfont des besoins fondamentaux et nous permettent d'avoir des sensations que nous désirons fortement - même si nous sommes conscients qu'elles entraînent diverses conséquences désagréables, il ne s'agit donc pas seulement d'une question de maîtrise de soi et de volonté.

Alors, comment procéder ?

Tout d'abord, nous prenons note de toutes nos habitudes actuelles, de ce que nous faisons régulièrement, et nous les divisons en deux colonnes, les bonnes et les mauvaises habitudes. Nous nous rendrons alors compte du nombre d'actions que nous effectuons sans même nous en rendre compte. Il nous faudra peut-être quelques jours pour prendre conscience de toutes nos habitudes et compléter la liste.

Comme nous l'avons déjà dit dans les chapitres précédents, les habitudes déterminent la réalisation de nos objectifs. Nous devons donc avant tout avoir à l'esprit ce que nous voulons, savoir comment l'atteindre et, par conséquent, modifier nos habitudes quotidiennes. La deuxième étape consiste donc à réfléchir consciemment aux objectifs que nous voulons atteindre. Par exemple, si l'on veut avoir un physique sculpté, il faut évidemment cesser d'être sédentaire et aller s'entraîner le plus souvent possible. Chaque habitude produit un résultat, alors réfléchissons à la question de savoir si nos habitudes actuelles sont en accord ou en désaccord avec ce que nous voulons, et changeons-les en conséquence. Chaque choix fait aujourd'hui détermine l'avenir de demain !

Une fois que nous avons identifié les habitudes négatives et les objectifs souhaités, nous passons à l'analyse de nos mauvaises habitudes : elles sont difficiles à éradiquer car elles garantissent une récompense immédiate, mais en les analysant et en comprenant d'où elles viennent, quelles sont leurs causes précises, il sera possible à long terme de changer d'attitude et de les remplacer par de nouvelles habitudes positives.

L'étape suivante consiste donc à choisir les nouvelles habitudes à introduire, dont nous avons absolument besoin si nous voulons atteindre les objectifs souhaités. Nous pouvons, comme toujours, les écrire sur un morceau de papier et le conserver dans un endroit visible.

En outre, réfléchissons aux avantages que nous pourrions concrètement obtenir, aux résultats qui seront complètement différents de ceux obtenus jusqu'à présent, et dont nous ne sommes pas satisfaits. Si nous arrêtons de fumer, notre santé nous en remerciera, si nous cessons de manger des aliments malsains, nous parviendrons à atteindre notre poids idéal, si nous parvenons à surmonter la paresse et à aller à la salle de sport, nous aurons le corps de nos rêves. Des pensées positives nous aideront à rester motivés et à ne pas abandonner à mi-chemin.

Oublions les résultats immédiats et les statistiques, et prenons tout le temps nécessaire au changement, ne créons pas trop d'attentes, ne stressons pas. De petits changements effectués pas à pas nous donneront de grands résultats en fin de parcours, il n'est donc pas conseillé de bouleverser notre routine à l'improviste. Commençons par des choses qui sont faisables, par exemple, si nous voulons arrêter de fumer, commençons par réduire à une cigarette par jour. Travaillons sur une habitude à la fois, soyons patients et conscients de la véritable raison pour laquelle nous changeons dans un certain domaine de notre vie, continuons avec constance et nous verrons que les résultats ne tarderont pas à venir. N'oubliez pas qu'il n'est pas possible de généraliser sur le temps nécessaire pour consolider une bonne habitude, car tout dépend des facteurs en jeu : l'importance du changement auquel nous sommes confrontés, l'enracinement en nous de l'habitude négative, etc. Alors ne vous précipitez pas.

Si nous pensons trop loin, cela sera contre-productif pour nous, nous sommes dans un sens en train de tromper notre esprit, donc le chemin demande une grande concentration, peu à peu. Nous devrions plutôt nous concentrer sur les changements à court terme, et si nous rencontrons des difficultés, ne gardons pas tout pour nous, demandons conseil à un ami ou détendons nous en écoutant de la musique.

Répétons que nos habitudes déterminent les résultats de notre vie, nous sommes donc le résultat des habitudes que nous avons adoptées depuis notre naissance jusqu'à aujourd'hui. En changeant nos habitudes, nous pouvons littéralement changer nos vies. Prenons un autre exemple pour mieux comprendre ce concept. Voyons comment, dans des circonstances identiques, des habitudes différentes peuvent conduire à des situations complètement différentes.

Dans le premier cas, nous avons Enzo qui déteste son travail, ne fait que s'apitoyer sur son sort, et passe tout son temps libre sur son téléphone portable et à regarder des séries télévisées. Ces habitudes l'ont conduit à devenir sédentaire et à négliger son bien-être psychophysique. Le résultat sera qu'Enzo continuera à faire le travail qu'il déteste et à s'apitoyer sur son sort, car il est empêtré dans ses mauvaises habitudes, qui l'empêchent de trouver une issue.

Dans le second cas, nous avons toujours Enzo qui déteste son travail, et pourtant il travaille dur tous les jours pour trouver une solution à ce problème, et passe tout son temps libre à s'améliorer et à étudier afin d'obtenir un jour un meilleur emploi. De plus, pour se sentir plus motivé, Enzo se rend régulièrement au gymnase et prend soin de sa personne. Cette fois, le résultat sera qu'Enzo obtiendra à temps le poste qu'il souhaite parce qu'il se concentre sur la solution plutôt que sur le problème, il ne s'apitoie pas sur son sort, mais il a mis en pratique une série de bonnes habitudes qui le rapprocheront de plus en plus de son objectif.

Cet exemple simple nous montre comment, dans des circonstances identiques, le choix d'adopter de bonnes ou de mauvaises habitudes conduira à des résultats complètement différents dans la vie. Nous devrions maintenant être plus clairs que jamais sur le pouvoir des habitudes et sur l'importance de remplacer les vieilles habitudes qui ont perdu leur pouvoir. Examinons quelques autres suggestions qui nous aideront à atteindre notre objectif.

Choisissons un substitut à la mauvaise habitude, mettons par écrit un plan d'action pour répondre alternativement à l'ennui ou au stress, au lieu de la mauvaise habitude habituelle. Au lieu de fumer, faisons des pompes, méditons pendant dix minutes ou faisons un exercice de gratitude.

Ne poursuivons pas seuls notre mission de faire un régime ou d'arrêter de fumer, juste par peur que les autres nous voient échouer. Au lieu de cela, unissons nos forces, faisons équipe ou partenariat avec quelqu'un qui a les mêmes intentions que nous, et engageons nous à arrêter ensemble afin que nous puissions nous motiver mutuellement. Sachant que les autres attendent de nous que nous nous améliorions, nous nous sentirons plus forts dans le processus de changement et plus motivés chaque jour.

Trouvons donc des gens qui ont les mêmes idéaux que nous, qui vivent comme nous aimerions vivre nous-mêmes ; trouver de nouveaux amis ne signifie pas abandonner la compagnie habituelle, mais gardons à l'esprit le pouvoir de passer plus de temps avec des gens qui nous inspirent et nous motivent à changer, parce que nous voyons en eux un modèle positif. Nous pouvons apprendre d'eux comment répondre d'une autre manière aux besoins qui sous-tendent les anciennes habitudes à remplacer.

Parlons maintenant des signaux, ou des crochets, ces certaines choses, personnes ou circonstances qui nous rappellent immédiatement et déclenchent en nous la mauvaise habitude. Nous devons absolument supprimer autant de signaux de notre vie que possible. Si nous avons envie de fumer en buvant, alors évitons d'aller au bar ; si la première chose que nous faisons quand nous sommes allongés au lit est de saisir la télécommande pour zapper, cachons la télécommande quelque part pour ne pas l'avoir en vue. Si nous mangeons des chips en sachet alors que nous les avons dans le garde-manger, alors ne les gardons plus là, ou mieux encore, ne les achetons pas du tout ! Fondamentalement, modifions l'environnement qui nous entoure, le rendant fonctionnel aux changements que nous voulons activer, de sorte qu'il sera plus facile de briser la chaîne des habitudes de dépotentisation.

Il est essentiel d'avoir de la discipline, ne la remettons pas sans cesse à plus tard, en espérant que le changement viendra de lui-même. Le fait même de remplacer une habitude doit devenir notre habitude quotidienne, donc chaque jour exige un engagement. Si nous voyons que le changement a du mal à venir, nous pourrions envisager de changer de décor, de changer notre environnement habituel, car il est vrai que tout commence dans l'esprit, mais notre environnement a aussi une grande influence sur ce que nous pensons et faisons. Aussi, préparons-nous et anticipons l'échec, et planifions également les éventuels trébuchements et les mesures de redressement qui s'ensuivent.

De plus, le fait de noter nos progrès quotidiens et de les relire de temps en temps nous donnera la motivation nécessaire pour continuer. Trouver la bonne motivation est un autre point fort. En fait, souvent, il ne suffit pas d'avoir décidé un objectif fantastique, c'est juste un objectif à atteindre, mais si nous ne sommes pas suffisamment motivés pour changer, nous nous retrouverons bientôt à capituler. Lorsque nous décidons de ce que nous voulons vraiment et que nous fixons notre objectif, arrêtons-nous toujours et demandons-nous pourquoi. Si nous constatons que nous ne sommes pas en mesure d'apporter des réponses suffisantes et adéquates à cette question, alors arrêtons-nous et réfléchissons, car nous n'aurons probablement jamais la force de contrer la passivité du "statu quo".

Parmi les pires mauvaises habitudes, et qui malheureusement touchent une grande partie de la population, figurent celles inhérentes à la sphère alimentaire, et celles qui provoquent des insomnies et un mauvais sommeil. Étant donné l'importance évidente de l'alimentation et du repos dans notre vie, nous consacrerons les prochaines lignes à un examen plus approfondi de ces sujets.

Les mauvaises habitudes font leur chemin même parmi les plus disciplinés d'entre nous et une mauvaise alimentation peut entraîner divers problèmes de santé. Les habitudes sont tellement ancrées en nous que nous ne nous en rendons même plus compte, et le responsable de ce mécanisme est le cerveau, exactement les ganglions basaux, la partie du cerveau prédisposée à l'acquisition d'habitudes, avantageuses ou non. L'une des habitudes qui affecte le plus notre routine quotidienne est l'alimentation, car il est évident que nous devons nous nourrir tous les jours. C'est pourquoi nous devons être bien conscients de l'impact de l'environnement sur notre mauvaise alimentation.

Un exemple classique est de s'asseoir devant la télévision, surtout à cette époque où les séries télévisées et Netflix sont très populaires, et de se détendre en consommant une quantité démesurée de snacks tels que des chips et des boissons gazeuses et sucrées.

C'est pourquoi le contrôle de l'environnement contribue à améliorer immédiatement les habitudes négatives et à les remplacer par des habitudes positives. En plaçant des fruits frais là où vous travaillez habituellement, vous augmenterez de 70 % la quantité de fruits dans votre alimentation quotidienne.

Combien de décisions liées à l'alimentation prenons-nous chaque jour ? Mais surtout, s'agit-il de choix conscients et raisonnés ? Une étude a montré que nous en fabriquons plus de 200 : ce sont de soi-disant habitudes, c'est pourquoi nous n'y prêtons pas beaucoup attention, parce que nous y sommes habitués, donc ce ne sont souvent pas des choix alimentaires judicieux.

Si nous modifions l'environnement qui nous entoure de manière positive, nous pouvons plus facilement remplacer les mauvaises habitudes, par exemple en buvant beaucoup d'eau, en mangeant plus de fibres et de fruits. En bref, nous pouvons tromper le cerveau, par exemple en utilisant des assiettes plus petites, ce qui réduit de 22 % la quantité de nourriture qu'il contient, et par conséquent la nourriture que nous consommons.

Consacrons une autre petite suggestion à ce que nos enfants mangent à l'école et aux habitudes alimentaires de l'école. Des recherches menées dans des cantines américaines montrent que le fait de placer un panier de fruits près de la caisse de sortie entraînera une augmentation considérable de la consommation de fruits par les enfants, et que si nous apposons une étiquette de couleur sur ces fruits, il y aura une nouvelle augmentation. Il a également été prouvé que manger dans un environnement propre entraîne la consommation de moins de malbouffe et d'aliments plus sains. En bref, avec des gestes simples et des astuces quotidiennes, nous pouvons révolutionner nos habitudes alimentaires.

Venons-en maintenant à l'insomnie : c'est par définition "un état d'insatisfaction inhérent à la quantité et à la qualité du sommeil, caractérisé à la fois par la difficulté d'initier le sommeil et de le maintenir. L'insomnie devient un problème critique si la situation décrite ci-dessus se répète trois nuits ou plus par semaine, sur plusieurs mois, affectant les autres activités quotidiennes, et si l'insomnie persiste longtemps, elle peut aussi devenir chronique. Un sommeil de qualité est en effet essentiel non seulement pour se reposer et régénérer le corps, mais aussi pour augmenter notre mémoire et notre attention, maintenir des niveaux hormonaux équilibrés du rythme veille-sommeil et un métabolisme actif.

L'insomnie prolongée est souvent associée à d'autres pathologies chroniques, pas nécessairement de nature psychiatrique, telles que la faible tolérance au glucose et le diabète, l'obésité, les déficits cognitifs, l'hypertension, l'alcoolisme, la dépression ou l'anxiété. Nous pouvons reconnaître l'insomnie à certains signes distinctifs : difficulté à s'endormir, réveils fréquents et soudains pendant la nuit, sommeil non reposant, fatigue, anxiété, somnolence et irritabilité pendant l'éveil.

Les causes les plus fréquentes de ce trouble sont l'apnée du sommeil, la prise de certains médicaments, les périodes de grand stress, mais aussi un mode de vie non réglementé et de mauvaises habitudes. Souvent, quelques mauvaises habitudes suffisent à compromettre et à perturber le sommeil. Il suffit de penser à l'utilisation excessive d'ordinateurs, de tablettes et de téléphones portables avant de s'endormir, à la consommation immodérée de café, de thé ou d'alcool tard dans la nuit. Et une fois de plus, la mauvaise habitude de se gaver au dîner, notamment en consommant des aliments protéinés, rendra la digestion plus difficile et empêchera un sommeil de qualité.
Même pratiquer une activité physique en fin de journée peut être contre-productif, même si nous le faisons peut-être pour nous fatiguer, car cela nous

rend en fait plus alerte et plus éveillé, et il sera encore plus difficile de s'endormir ; il est donc préférable de pratiquer une gymnastique de relaxation et de manger légèrement.

L'attitude des personnes qui réussissent face à la vie

Nous nous demandons souvent quels sont les facteurs nécessaires pour réussir : est-ce seulement une question de talent ou aussi de chance ? Tout cela dépend-il d'une sorte de talent inné, ou faut-il travailler dur jour après jour pour atteindre le sommet ? Le succès est-il en quelque sorte notre destin, ou est-il entre nos mains ? Et encore une fois, les gens naissent-ils avec un penchant naturel pour le leadership, ou sommes-nous tous des gagnants potentiels ?

La réponse que nous donnons aux questions énumérées ci-dessus définit notre attitude mentale envers la vie, mais aussi envers les affaires et le travail. Si nous pensons que le succès vient d'un talent ou d'un penchant naturel, nous avons probablement une attitude mentale fixe. Si, en revanche, nous pensons que les secondes options sont les plus valables, notre attitude mentale est souple et axée sur la croissance. Cette diversité de points de vue divise clairement le scénario des professionnels d'aujourd'hui en deux.
Ceux qui ont une attitude plus statique croient que le pouvoir du talent inné est tout, et que le succès est plutôt dû au hasard et à la chance. Par conséquent, ils s'engagent à prouver à eux-mêmes et aux autres les compétences qu'ils ont acquises, évitent les défis et

les obstacles, et pensent que l'apprentissage est fondamentalement un effort futile. En d'autres termes, pour eux, la capacité de leadership est ancrée dans leur ADN, qu'elle soit là ou non, ils ne voient que le noir ou le blanc.

D'autres professionnels ayant une attitude flexible et orientée vers la croissance voient plus de nuances, sont peut-être moins confiants au départ, mais animés par le désir d'apprendre et de se développer, ils travaillent dur à la fois sur les compétences qu'ils ont déjà acquises et sur leurs faiblesses, pour les transformer en forces. Ils n'ont pas peur des défis, et en fait, ils savent apprécier les réactions et les résultats négatifs, en tirant des leçons utiles pour s'améliorer à l'avenir, de sorte que pour eux toutes les expériences quotidiennes, bonnes ou mauvaises, sont un gymnase pour s'entraîner et grandir. Ils sont convaincus qu'avec le temps, ils deviendront meilleurs et plus forts.

Il est évident que ce sont les seconds, apparemment désavantagés au départ, qui obtiendront les meilleurs résultats, car au lieu de se contenter du "statu quo", ils se battent et grandissent avec persévérance et détermination, ils brisent les obstacles ; contrairement aux premiers, qui n'exploitent que partiellement leur potentiel inné, également par peur de l'échec. Cette différence d'attitude caractérise non seulement les personnes et les professionnels individuels, mais aussi les entreprises et les commerces.

Nous ignorons souvent le fait que des personnes qui disposent des mêmes ressources et qui se sont fixé les mêmes objectifs obtiennent des résultats très différents selon leur attitude face à la vie, leur attitude ou leur comportement. Nous avons déjà vu ce point important dans le chapitre précédent sur la manière de supprimer les habitudes négatives, mais il vaut la peine de le revoir et de le développer. Pourquoi, après tout, l'attitude avec laquelle nous faisons face aux événements de la vie devrait-elle être d'une telle importance, plus importante encore que le fait de savoir si nous avons ou non une certaine capacité ou ressource au départ ? Cela peut s'expliquer par le lien fort que cette attitude a avec notre estime de soi, en fait la façon dont nous nous comportons dans diverses situations est la manifestation la plus claire et la plus directe de l'image que nous avons de nous-mêmes.

Selon nos convictions, nous nous orienterons naturellement vers deux types de comportement opposés : nous tendons vers une attitude réaliste, objective et juste lorsque nous mettons en jeu toutes les qualités en nous, afin d'atteindre le résultat souhaité. Au contraire, nous aurons tendance à adopter une attitude irréaliste, non objective et injuste lorsque nous n'utilisons pas les qualités qui sont en nous - parce que nous pensons que nous ne les avons pas ! - et nous douterons de nous-mêmes par manque de confiance en nous.

Si nous pensons que l'obtention de nos résultats est fortement liée à ce choix d'attitude, nous constaterons que ce sont précisément les personnes qui se posent de manière positive dans la vie, avec des pensées optimistes, qui sont capables de se fixer des objectifs réalistes. L'attitude positive face à diverses situations permet à la personne qui l'adopte d'imaginer concrètement des résultats positifs et possibles à atteindre avec succès. Nous parlons de "découverte", car nous pensons souvent à tort que les personnes les plus optimistes et les plus rêveuses sombrent dans leurs illusions et vivent dans les nuages. Ne nous est-il pas arrivé d'être parfois marqués par un événement négatif, par un résultat non atteint, et ensuite de ne pas nous imaginer des objectifs plus ambitieux, pour ne pas nous bercer d'illusions au départ, et rester une fois de plus brûlés ?

En réalité, lorsque nous sommes conscients de nos capacités, que nous croyons en nous-mêmes et que nous nous fixons un objectif réalisable, nous pouvons prévoir la succession des "étapes" pour nous rapprocher de plus en plus. Nous sommes également conscients des difficultés que nous pouvons rencontrer en cours de route et qu'il sera donc nécessaire de diviser le travail en de nombreux micro-objectifs pour atteindre l'objectif final. D'autre part, le deuxième type de personne, ou d'attitude, est le rêveur qui ne sait pas évaluer de manière réaliste ses propres qualités et la réalité environnante, et qui vise donc un objectif de plus en plus élevé, au lieu de procéder de manière progressive.

Pour en revenir au sujet des entreprises et des sociétés, l'adoption des deux types d'attitude, statique ou dynamique, conduira par conséquent à deux types d'entreprises différents : le type statique, où il n'y a pas de méritocratie, les postes et les rôles sont fixes, les employés n'ont pas beaucoup de possibilités d'évolution et sont donc peu motivés pour s'exposer et faire plus, de sorte qu'ils resteront malheureux dans l'immobilité de la hiérarchie, sans sentiment d'appartenance à "l'ensemble" de l'entreprise.

Le type d'entreprise dynamique, en revanche, est orienté vers le changement et la croissance, croit fermement au talent mais aussi à l'étude, et pousse donc ses employés à s'améliorer, à s'exposer et à prendre des risques afin de se développer. Les employés éprouvent un sentiment d'appartenance, ils se sentent partie prenante d'un projet commun et font confiance à leurs dirigeants, de sorte qu'ils sont évidemment plus motivés que les employés du premier type d'entreprise.

Certaines des plus grandes entreprises du monde qui ont choisi ce style vertueux et dynamique ont créé des rendez-vous fixes pour leurs employés, comme Microsoft, qui a lancé l'événement annuel du "hackathon", où les employés de Microsoft du monde entier peuvent participer activement, faire de nouvelles propositions à développer en équipe et avec lesquelles ils peuvent prendre la piste pour concourir. Les lauréats reçoivent des fonds pour réaliser leurs projets, et peuvent ainsi mettre en valeur leur talent dans le monde entier et obtenir la visibilité nécessaire pour aller occuper des postes prestigieux.

Après cette parenthèse intéressante, voyons ce qui différencie l'attitude des personnes qui réussissent et qui atteignent leurs objectifs de celles qui luttent.

Tout d'abord, la conception, la planification. Ceux qui réussissent dans la vie sont avant tout des personnes optimistes et réalistes ; en outre, ils ne se lancent jamais tête baissée, presque "au hasard", dans un nouveau projet, car ils savent qu'une planification détaillée, composée de nombreux petits objectifs quotidiens, est nécessaire pour arriver à un résultat victorieux. Il sait donc non seulement identifier un objectif et la planification correspondante, mais aussi et surtout il sait trouver les stratégies appropriées.

Ensuite, il faut passer à l'action. Grâce à une division du travail bien pensée, la personne qui réussit prend immédiatement des mesures, produit des changements, a une vision de l'avenir et est capable de capter les bons signaux de l'environnement. D'autre part, ceux qui ont moins de succès, tout d'abord n'ont aucune aptitude à la pensée positive et réaliste, et par conséquent ils se lancent dans leurs projets sans aucune planification et ont tendance à interrompre l'action aux premières difficultés qu'ils rencontrent, ils commencent à broyer du noir et à penser que peut-être ils ont mal fait en démarrant ce projet, ils sont hésitants et doutent de leur estime de soi et de leur volonté.

Le troisième élément de différenciation est la prise de conscience des difficultés. Il est communément admis que la personne ayant une attitude positive a des pensées plus optimistes parce qu'elle ne voit pas et ne considère pas les obstacles qui peuvent se présenter. C'est en fait une croyance erronée, qu'il faut renverser, car en réalité ce type de personne est bien conscient qu'il y aura des difficultés ou des moments difficiles, mais il sait aussi qu'il a les qualités et les capacités pour y faire face et les surmonter avec succès. Contrairement à une personne qui a une attitude négative, et qui ne voit pas du tout les obstacles mieux que les autres, c'est simplement qu'elle n'accepte pas les difficultés, qu'elle les considère comme nuisibles et négatives, et qu'elle ne veut même pas en entendre parler et en tenir compte dans son propre parcours.

C'est ce type de personnes qui ne sont pas capables de prévoir les situations qui pourraient se présenter tout en poursuivant un certain objectif, elles ne prévoient pas certains événements, également en raison de leur moins grande expérience en matière de lancement et d'expérimentation de nouvelles choses, de sorte qu'elles ne savent pas qu'elles ont en elles des ressources utiles auxquelles recourir pour surmonter les revers, et elles gaspillent ces ressources, ne travaillant pas dessus, ne se mettant pas à l'épreuve par peur de l'échec. Une technique utile pour développer la conscience des difficultés consiste à dresser une liste de ces obstacles potentiels et des outils connexes dont nous disposons pour les éviter ou y faire face. Un autre sens dans lequel il est important d'avoir une conscience est le "locus de contrôle" interne, c'est-à-dire la tendance à interpréter les résultats de ses actions et de ses choix comme étant déterminés uniquement par soi-même, et non par des causes externes. Cela reconnaît la responsabilité individuelle des événements, ce qui renforce la planification et l'action (comme on l'a vu dans les deux premiers points).

Cette prise de conscience est liée à la compétence suivante, celle de la pensée critique. Ceux qui savent observer la réalité sociale, trouver les obstacles potentiels et les ressources potentielles, ainsi qu'analyser les aspects positifs et négatifs de leur propre personne, savent évaluer la "faisabilité" de leurs intentions, et savent reconnaître la fonctionnalité ou non de certains comportements, ont le don de la pensée critique.

Il y a aussi la pensée créative. Elle consiste à être capable de générer de nouvelles idées et de nouveaux points de vue, des solutions alternatives, de voir les choses sous différents angles, et donc d'avoir des dons intuitifs et imaginatifs.

Un autre élément qui fait la différence est l'ouverture aux conseils des autres, le fait d'être prêt à écouter les autres. Les seuls discours à ne pas prendre en compte et à ne pas être influencés sont les critiques négatives sur votre projet, les critiques dénigrantes, non constructives, bref, sans fondement. Ceux qui atteignent leurs objectifs sont prêts à accepter tout ce qui peut être utile et constructif et à laisser échapper les déclarations de ceux qui n'y croient pas, de la série "vous n'y arriverez jamais". D'autre part, ceux qui ont une attitude négative ne sont pas du tout ouverts à la confrontation, ils ont tendance à l'éviter et à n'écouter que les personnes qui, d'une certaine manière, confirment leur vision pessimiste du monde et des choses. Nous pouvons étendre ce point, qui fait partie du spectre plus large des "compétences" sociales, aux compétences de communication en général, à la capacité de se connecter avec les autres, de comprendre leurs sentiments et leurs pensées, de s'affirmer et d'écouter attentivement ; à l'empathie, la capacité de se connecter avec les autres et de comprendre leurs émotions comme si elles étaient les siennes. L'empathie est importante pour construire facilement des relations intimes et stables, permettant également d'offrir et de recevoir le soutien de la société ; d'avoir le sens de l'humour et de garder le sourire même face à l'adversité.

Le dernier élément de différence propre aux personnes qui réussissent est le fait de se plaindre. Les personnes optimistes ont tendance à moins se plaindre et à ne pas se blâmer ou blâmer les autres si les choses ne vont pas comme elles le souhaitent. Ils peuvent le faire dans des moments de profond découragement, mais plutôt comme un simple débordement sans retombées désagréables sur la mise en œuvre du projet, et ensuite faire place à une nouvelle estime de soi et à un nouvel élan vers l'action. Les optimistes abandonnent rarement face à une situation compliquée. D'autre part, ceux qui sont habitués à tout voir en noir ont tendance à tomber dans le piège de la plainte, qui ne mène nulle part : ils se plaignent d'eux-mêmes et surtout des autres, ils trouvent beaucoup de choses injustes dans l'environnement et dans les circonstances extérieures, ils se considèrent malchanceux et espèrent que "la prochaine sera meilleure". De plus, il s'entoure souvent de personnes prêtes à le soutenir et à confirmer ses pensées négatives par d'autres plaintes.

Réfléchissons à ces points si nous avons déjà un objectif en tête, afin de prendre conscience de notre attitude et de l'ajuster, et de préparer efficacement le travail qui nous attend sur le chemin de l'arrivée. Rappelons que notre comportement actuel dans les situations que nous vivons n'est qu'une conséquence et un miroir de notre estime de soi, donc si nous pensons que cela ne suffit pas, nous devons d'abord travailler plus profondément sur notre confiance en soi avant de réfléchir à la manière d'arriver à un changement concret.
Continuons à découvrir les caractéristiques des gens qui gagnent. Indépendance : ceux qui savent agir sur la base de leurs propres valeurs et objectifs sans se laisser influencer par le jugement des autres ont plus de chances de réussir. Motivation, pouvoir trouver la motivation pour agir dans ses propres ressources internes. Responsabilité, être un individu actif en groupe, dans la communauté, participer et assumer la responsabilité de ses propres actions. La flexibilité, la capacité d'affronter et de négocier, de faire des compromis, sans tergiverser.

Et encore l'espoir, dans le sens de la tendance à penser que les événements sont gérables, donc adressables au positif grâce à l'utilisation de leurs propres qualités et à un engagement personnel actif, et que les événements imprévus rencontrés dans la vie peuvent nous pousser à nous réinventer et à nous renforcer, avec des résultats positifs dans le futur. Toujours en ce qui concerne l'avenir, nous avons la clarté des objectifs que nous voulons atteindre en fonction de notre propre potentiel et de nos propres désirs ; le succès dans l'obtention de résultats lorsque nous tenons nos engagements ; des attentes fortes, qui doivent évidemment rester réalistes ; la ténacité et la persévérance dans la poursuite ; des aspirations formatives, le désir d'apprendre toujours plus et d'accroître ses compétences ; l'enthousiasme et la confiance dans l'avenir, et enfin la cohérence dans nos choix et dans la recherche du sens et de la signification de notre existence.

Passons maintenant au cas intéressant d'Albert Gray : c'était un assureur, un homme ordinaire, mais aussi un grand observateur, puisque pendant plus de trente ans il a parcouru les États-Unis en vendant des polices d'assurance-vie. Grâce à son travail, Gray est en effet entré en contact avec des milliers de personnes, et a eu l'occasion de connaître en profondeur la génération qui, au XXe siècle, a transformé les États-Unis en la puissance mondiale qu'ils sont aujourd'hui. Son expérience extraordinaire l'a amené à devenir un conférencier estimé, et lors d'une de ses célèbres conférences, en 1940, Gray a prononcé son discours le plus célèbre intitulé "Le dénominateur commun du succès".

À l'époque, beaucoup de gens étaient sûrs que le seul secret de la réussite était le travail acharné, mais combien d'hommes avons-nous vu et voyons encore travailler dur chaque jour, sans jamais réussir ? Et vice versa, d'autres qui réussissent, sans avoir travaillé dur. Ainsi, le travail acharné, bien qu'important pour atteindre l'excellence, n'était pas le véritable secret de la réussite. En étudiant et en observant la vie des personnes qui réussissent, on peut comprendre que le secret n'est pas seulement dans leurs actions, mais aussi dans leurs motivations. Le dénominateur commun de la réussite de ces personnes, que l'on retrouve dans des centaines et des centaines de cas, est l'habitude de faire ce que les gens ordinaires n'aiment pas faire. Nous pouvons ne pas croire cette déclaration, ou nous pouvons essayer de la réfuter, mais c'est finalement la seule façon d'expliquer pourquoi de nombreuses personnes éduquées, qualifiées et travailleuses échouent en fin de compte, tandis que d'autres, qui ont très peu de chances, obtiennent des succès inimaginables. Le fait même que le succès soit obtenu par une petite minorité de personnes nous montre qu'il ne peut être obtenu en suivant la poursuite temporaire du plaisir ou nos instincts fugaces.

Nous nous demandons maintenant quelles sont ces activités que les gens ordinaires n'aiment pas faire, eh bien ce sont exactement les mêmes activités que moi, vous, nous et même les personnes qui réussissent n'aimons pas faire et ont donc tendance à reporter à l'infini. Alors, comment les personnes qui réussissent parviennent-elles à faire ce que nous essayons tous, par nature, d'éviter ? Ils ne le font tout simplement pas, c'est-à-dire qu'ils continuent à haïr et à vouloir remettre ces activités à plus tard, mais, contrairement à d'autres personnes, ils sont conscients que s'ils font d'abord les choses qu'ils n'aiment pas faire, ils atteindront plus tard les objectifs qu'ils veulent atteindre.

Gardons donc à l'esprit que "si vous faites les activités que vous n'aimez pas faire, vous atteindrez les objectifs que vous aimez atteindre". Mais comment des personnes qui ont réussi, contrairement à d'autres, en sont-elles venues à acquérir ces connaissances ? Ils ont réussi parce qu'ils ont réellement un but, et ceux qui ont un but fixe savent comment repousser le plaisir immédiat afin d'atteindre leurs objectifs plus tard. Au contraire, ceux qui n'ont pas de but précis reportent leur objectif pour obtenir un plaisir immédiat.

À ce stade, certains d'entre nous se demandent peut-être : "Et est-ce que le fait de subvenir à ses besoins ou à ceux de sa famille n'est pas un objectif assez important pour réussir ? Eh bien non, car il est plus facile pour les êtres humains de s'adapter à une vie qu'ils ne veulent pas vraiment que de s'efforcer de faire ce qui est - ou serait - nécessaire pour atteindre la vie qu'ils désirent idéalement. En fait, l'objectif ne sera assez grand pour nous que s'il est également passionnant ; en effet, si les besoins sont logiques et matériels, les désirs sont chargés d'émotion. Si notre objectif n'est que logique, donc vide, nous cesserons de le poursuivre dès que nos besoins auront été satisfaits. Si, en revanche, nous nous choisissons un but passionnant, un concentré de rêves, nous continuerons à le poursuivre jusqu'à ce que nous ayons satisfait nos plus grands désirs.

Aussi longtemps que nous vivrons, n'oublions pas que la grandeur de notre succès est directement proportionnelle à la grandeur de notre objectif, et que nous ne pouvons poursuivre cet objectif que si nous sommes capables de prendre l'habitude particulière de faire ce que les gens ordinaires n'aiment pas faire.

Enfin, nous concluons le chapitre par des exemples motivants de personnes qui ont réussi à surmonter la crise et à atteindre les sommets de la réussite.

Joe Vitale

"Une chose n'arrive que si vous y croyez vraiment, et c'est le fait d'y croire qui la fait arriver."
"La clé est d'être dans le moment présent, avec conscience et gratitude."
Il est un entrepreneur et essayiste américain, surtout connu pour son rôle dans le film The Secret. Il a traversé une période difficile. En fait, il était sans abri et dormait dans la rue partout où il le pouvait. Aujourd'hui, il est l'auteur de nombreux best-sellers, avec une fortune de quelques millions.

Chris Gardner

"Ne laissez personne vous dire que ce que vous voulez est irréalisable. Si vous avez un rêve, vous devez le défendre. Si vous voulez quelque chose, sortez et allez le chercher. Point final".
Elle a inspiré le magnifique film de Gabriele Muccino, The Pursuit of Happiness, avec Will Smith. Gardner a

vécu sa crise personnelle dans une pauvreté totale, et avec un enfant à charge en plus. Lui aussi a passé des années difficiles sans abri, dormant partout où il pouvait, dans les aéroports, les parkings, les transports publics, dans son propre bureau, et même dans une salle de bain BART fermée. Aujourd'hui, il a une valeur nette d'environ soixante millions de dollars.

J.K. Rowling

"Nous n'avons pas besoin de magie pour changer le monde : nous avons déjà en nous tout le pouvoir dont nous avons besoin, nous avons le pouvoir d'imaginer les choses mieux qu'elles ne le sont".

On ne peut pas ne pas la connaître. Elle est l'auteur mondialement connu de Harry Potter, le magicien mondialement connu qui a captivé jeunes et vieux. Rowling nous a dit à plusieurs reprises qu'elle a vécu diverses crises dans sa vie, tout d'abord après la mort de sa mère, qui souffrait de sclérose en plaques. Elle a ensuite épousé un Portugais et a eu une fille en 1993, mais malheureusement le mariage n'a pas fonctionné et Rowling est allée vivre à Édimbourg avec sa sœur. Elle était mère célibataire et sans emploi, et dit avoir survécu à cette époque uniquement grâce aux prestations sociales, en plus de souffrir de dépression. Avant de connaître le succès, elle a "échoué" à plusieurs reprises, étant rejetée par plusieurs éditeurs, avant de trouver l'opportunité qui a changé sa vie pour toujours. Aujourd'hui, Rowling a une valeur nette d'environ un milliard de dollars.

Og Mandino

"Comment puis-je changer ? Si je me sens déprimé, je vais chanter. Si je me sens triste, je vais rire. Si j'ai peur, je me jette dans la mêlée. Si je me sens inférieur, je porterai de nouveaux vêtements. Si je me sens incertain, j'élèverai la voix. Si je ressens la pauvreté, je penserai à la richesse future. Si je me sens incompétent, je penserai aux succès passés. Si je me sens insignifiant, je me souviendrai de mes objectifs. Aujourd'hui, je serai le maître de mes émotions".

Une des plus belles histoires de rédemption. Mandino voulait devenir écrivain, mais la mort de sa mère peu après avoir obtenu son diplôme d'études secondaires l'a tellement marqué qu'il a abandonné tout espoir de se lancer dans l'écriture. Il a essayé à nouveau des années plus tard, mais a échoué à chaque tentative de vente de son matériel. Après ces défaites, il a trouvé un emploi dans la vente de polices d'assurance et s'est marié. Commence alors une période infernale pour lui, alors que sa famille tombe dans une grave crise économique, et qu'il se retrouve avec d'énormes dettes qui le font enfoncer de plus en plus loin de son rêve. Il s'est adonné à l'alcool, a été abandonné par sa femme et a perdu sa maison et son travail, à ce moment-là il a même envisagé le suicide. C'est à ce moment qu'il raconte qu'en errant dans un jour froid et pluvieux, il est entré dans une librairie pour trouver de la chaleur et un abri, et c'est là que sa vie a changé, puisqu'il a commencé à lire des livres de motivation qui lui ont donné une charge inattendue et lui ont permis d'améliorer considérablement sa vie. À partir de ce moment, grâce à sa conscience et à sa persévérance, il est devenu d'abord le rédacteur en chef d'un célèbre magazine, puis un auteur. Ses livres de motivation ont été vendus à plus de trente millions d'exemplaires dans le monde entier et ont été traduits dans plus de trente langues.

Conclusion

Résumons une dernière fois les points forts des habitudes analysées dans ce livre. Je vous recommande de les lire tous les jours, de préférence le matin au réveil. Peut-être vous pourriez même intégrer leur lecture dans votre nouveau rituel matinal !

- Nos vies sont criblées d'habitudes.

- De nos habitudes dépend la réalisation des objectifs.

- La réalisation des objectifs peut dépendre de l'amélioration de notre vie et de notre bonheur, c'est pourquoi les habitudes sont fondamentales pour être humain.

- Ce que les personnes qui réussissent ont en commun, c'est l'habitude de faire ce que les autres n'aiment pas faire.

- De par notre nature, nous avons tendance à repousser les objectifs pour obtenir un plaisir immédiat. Seuls ceux qui ont un véritable but sont capables de repousser le plaisir immédiat pour atteindre leurs objectifs.

- Notre objectif ne peut pas être vide et rationnel ; il doit être passionnant.

Citant le grand Oscar Wilde : "Je ne veux pas être à la merci de mes émotions. Je veux les servir, les apprécier et les maîtriser".

Nous sentons-nous maintenant prêts et motivés à prendre les rênes de notre vie en main, en commençant par des habitudes positives, en nous dirigeant avec force et vigueur vers le changement, vers nos objectifs, vers le changement de notre vie ? Maintenant que nous en savons beaucoup plus sur le sujet, nous avons les outils nécessaires pour le faire, alors commençons la magie !

AUTODISCIPLINE: L'art et la science de la discipline : comment développer la maîtrise de soi, résister à la tentation et atteindre tous vos objectifs (Resilience t. 1)

Combattez la tentation, dominez vos pulsions, dites adieu aux excuses.

Apprenez à être VRAIMENT résilient.

Nous savons que nous devrions être plus disciplinés dans la vie, tout comme nous savons que nous devrions faire des économies ou manger plus sainement. Mais ce n'est pas parce que nous savons quelque chose que nous savons COMMENT s'y prendre pour y arriver.

"Autodiscipline est un véritable guide pour tous ceux qui ont tendance à remettre à demain ce qu'ils pourraient faire aujourd'hui."

Ce livre vous enseignera des leçons importantes et profondes, mais de manière claire et simple. Vous découvrirez comment aller de l'avant lorsque les choses se compliquent, sans céder ni trouver d'excuses (ce que font la plupart des gens).

Vous voulez apprendre à résister aux distractions, à persévérer dans les difficultés du travail ou de la vie quotidienne, et à développer une volonté imbattable ?

Vous découvrirez à l'intérieur d'"Autodiscipline" :

- Comment développer l'état d'esprit adéquat pour contrôler ses impulsions

- Comment surmonter les obstacles qui vous amènent à être paresseux et fatigué

- Comment démarrer et terminer un projet que vous souhaitez réaliser

- Les techniques et stratégies tirées des managers et des athlètes les plus disciplinés du monde

- Comment identifier ce qui vous motive et ce qui draine votre énergie chaque jour...

- Comment développer des habitudes efficaces et une volonté inébranlable

- ...et beaucoup d'autres conseils, techniques et leçons.

Ce livre vous aidera à identifier les petits changements que vous pouvez apporter pour obtenir de grands résultats dans votre vie. Vous découvrirez des techniques et des conseils pratiques pour gérer au mieux vos journées, votre énergie et votre temps. Grâce à eux, vous pourrez réellement atteindre votre plein potentiel.

Souvent, ce que nous voulons réaliser n'est pas si difficile à atteindre. Mais c'est notre manque de discipline qui nous retient : nos habitudes, nos addictions et notre zone de confort nous dominent. Eh bien... sachez que ce n'est pas la meilleure façon de vivre. Vous pourriez obtenir tellement plus de la vie, à condition d'avoir une bonne autodiscipline.

Découvrez comment accroître votre persévérance, devenir une personne disciplinée et ne jamais abandonner. Ce sont des qualités importantes que chacun peut acquérir. Alors, ne perdez pas votre temps...

Pour en savoir plus, encadrez le code QR suivant avec l'appareil photo de votre smartphone.

Psychologie Sombre: Manuel de Persuasion Avancée et de Manipulation Mentale : comment engager, convaincre et persuader

Voici comment convaincre les autres à faire ce que vous souhaitez, sans que personne ne s'en aperçoive ! ...

Dans ce livre, vous trouverez toutes les techniques spécifiques et les méthodes pratiques pour persuader, guider et contrôler l'esprit des personnes. Obtenir ce que vous voulez des autres n'est pas seulement possible mais facile et beaucoup plus rapide à apprendre que vous ne le pensez.

La majorité des livres sur cette matière promet on ne sait combien de trucs infaillibles de contrôle mental. **«Psychologie Sombre»**, au contraire ne contient que des méthodes prouvées scientifiquement, empruntées auprès des chercheurs, des négociateurs et des marketeurs reconnus comme étant les meilleurs au monde.

Depuis la nuit des temps, en effet, les êtres humains essaient de s'influencer les uns les autres. En se basant sur près **de vingt ans de recherches auprès des meilleurs spécialistes de psychologie**, ce livre vous démontrera comment changer complètement les opinions des personnes grâce à des manœuvres mentales subliminales et invisibles.

Vous obtiendrez une connaissance de la psychologie humaine que peu de personnes possèdent et c'est cette **« superpuissance »** qui permet aux personnes à succès d'obtenir non seulement ce qu'elles veulent mais également de l'attirer dans leur vie, sans lever le petit doigt.

Dans **«Psychologie Sombre»**, vous découvrirez :

- Comment contrôler de manière simple et efficace les décisions des autres, sans utiliser la force ou l'arrogance ;

- Comment implanter une idée dans l'esprit de votre interlocuteur, sans qu'il s'en rende compte ;

- Comment analyser et contrôler les comportements des personnes ;

- Comment découvrir les pensées de votre interlocuteur en «lisant »les signaux de son corps et ses réactions ;

- Les techniques pour créer un état mental qui permet aux personnes d'être prêtes à accepter vos idées ;

- La méthode pour devenir irrésistible aux yeux des autres ;

- Les phrases, les mots et les techniques de langage pour persuader et influencer qui que ce soit ;

- Comment communiquer vos idées, votre pensée et vos opinions de façon persuasive et convaincante en toute situation ;

Vous apprendrez à obtenir ce que vous voulez de façon simple, sans pour autant apparaître comme grincheux, manipulateur ou arrogant. Une capacité de persuasion de ce type rendra votre vie incroyablement plus simple parce que vous serez en mesure de comprendre la psychologie humaine même dans ses aspects les plus sombres.

N'attendez pas davantage ! Achetez dès maintenant votre exemplaire de **« Psychologie Sombre »** pour devenir un maître de la persuasion.